Eren Güvercin

Neo-Moslems

Eren Güvercin

Neo-Moslems

Porträt einer deutschen Generation

Mit einem Vorwort
von Feridun Zaimoglu

FREIBURG · BASEL · WIEN

Für Cano

MIX
Papier aus verantwortungsvollen Quellen
FSC® C106847

© Verlag Herder GmbH, Freiburg im Breisgau 2012
Alle Rechte vorbehalten
www.herder.de

Umschlaggestaltung: P.S. Petry & Schwamb, Freiburg
Autorenfoto: © Volker Hackmann

Satz: Layoutsatz Kendlinger Mediendesign, Freiburg
Herstellung: fgb · freiburger graphische betriebe
www.fgb.de

Printed in Germany

ISBN 978-3-451-30471-2

Inhalt

Der Glaube ist nicht der Haschkeks für den Sinnsucher 7
Von Feridun Zaimoglu

Einführung 12

Notiz zu den verwendeten Zitaten 17

1. Wer sind die Neo-Moslems? 19
Die goldene Generation 20
Deutsch-deutsche Muslime......................... 25
Die neue kulturelle Avantgarde 33
Gegen Multikulti und Euro-Islam 38
Die Gewalt in Kunst verwandeln................... 46
Familie und Identität............................ 50
Der notwendige Blick von außen................... 55
Gothic-Muslima................................... 63
Kopftuch! 68

2. Wer spricht bisher über die Muslime?.......... 75
Die Sarrazinfalle 76
Vertreter einer unbarmherzigen Bürgerlichkeit 78
Untergang des Abendlandes?...................... 82
Kritik der Islamkritik 84
Paranoider Stil 89
Die Medien und die Muslime 99

3. Was denken die Neo-Moslems? 105
Was ist der Islam? 106
Kapitalismuskritik................................ 112
West-östliche Leitkultur.......................... 122
Kritik am politischen Islam 130
Die muslimischen Verbände 139
Das Beispiel Ditib................................ 144
Wenn die Politik Angst macht 150
‚Integrationsbehörde' Verfassungsschutz........... 156
Liberal vs. konservativ? – Der neue politische Islam ... 169
Alternative Islamkonferenz 178
Popislam und Facebook-Muslime? 184
Die Flucht in die Werte........................... 190

Literatur...................................... 195

Der Glaube ist nicht der Haschkeks für den Sinnsucher

Von Feridun Zaimoglu

Der verfemte Gläubige ist eine feste Figur in den öffentlichen Debatten unserer Tage. Da er sich den üblichen Zuschreibungen verweigert, verweisen ihn die Hüter der reinen Gesinnung auf den Hinterhof – wer aber darf im Schaufenster der Zivilisation begafft werden? Es sind dies die prahlenden Analphabeten des Glaubens, die Kirmeskasper der Islamkritik, das Dutzend der Unbegabten, die Freiheitlichen der Religion. Sie schreien und schimpfen, sie zischen und spucken, und doch nennt man sie: die Aufklärer.

Gern stellen sie sich in den Dienst jener, die fremde Art mit der Abart gleichsetzen. Die Aufklärer bekommen einen bösen Mund, wenn man sie der Denunziation überführt. Und doch sind sie im Ton wie in den Mitteln vulgär. Auf die Vernunft können sie sich nicht beziehen, ihr Furor speist sich aus den Ressentiments wider den Eingottglauben. Wer ihre Bücher gelesen, und ihre Auftritte erlebt hat, weiß: Lärm und grollende Laute ersetzen keine Schwachstellenanalyse. Sie geizen nicht mit negativen Sensationen, denn die

Tagespopularität geht ihnen über alles. Die Anfeindung des Moslems garantiert fünf Sekunden Ruhm. Sie gründen Kampfvereine, die Mitglieder – sechseinhalb ergrimmte Jakobiner – brüten über den nächsten medienwirksamen Coup. Ist ihnen bewusst, dass sie sich wie Sektenanhänger gebärden?

Andere hartleibige Damen und Herren ziehen die Kandidatur für eine Partei vor, die bis vor kurzem mit Fremdenskepsis beim Wahlvolk punktete. Das deutsche Märchen von Aufstieg durch Eingliederung hat die Klassenstreber mobilisiert. Es sind dies leider nicht die Besten und die Tüchtigsten, aber die Verschmitzten, die wissen, wie man sich das Lob der Mächtigen verdient. Am Leichnam der Gottesliebe wurden viele Grabreden gehalten, und noch heute gibt man dem Kaiser mehr, als ihm zusteht. Ihm schmeicheln manche in der Abwehrschlacht gegen die Muselmanen mit sentimentalen Traktaten. Viele Verleger heißen Frauen willkommen, die über böse Moslemmänner herziehen – mittlerweile ist eine eigene Frau beißt Moslem-Sparte entstanden. Früher reiste die Bürgerdame zu anatolischen Hirten und ließ sich Märchen erzählen. Heute muss die Dame nur ein Buch vollmachen mit Islamverfluchung. Wer hat es erfunden? Frau Oriana Fallaci – ihr Faschistenkrawall wurde zum Feminismus hochgefiedelt. Ihre Geistesschwestern in

Deutschland haben verstanden: Moslemschelte ist ein einträgliches Geschäft. In den letzten Jahren sind viele Schläfer erwacht, so auch die Drittklassigen im Kultursektor. Die Zeichnung eines Mameluckenkopfs mit Turban wurde zum Banner der Aufklärer-Sturmkohorte. Stümper konnten ihre Kritzeleien an den Mann bringen, wenn sie denn auf den richtigen Titel setzten. Bald entstand ein eigener Geschäftszweig, die Prophetenbeleidigung machte Memmen munter. Die Saison der Tomatenpflücker ist vorüber, und das Feld abgeerntet. Die großen Gefechte stehen uns aber bevor, es drängen die Blutherren des Kulturkampfes in die vordere Reihe.

Muss man sich mit diesen Phänomenen befassen? Unbedingt. Hierbei handelt es sich um die Übergriffe eines moralisch verfassten Bürgertums – es weiß unter sich nicht nur den Klassenfremden. Es markiert den Fremdgläubigen als ein verachtenswertes Subjekt, als hergezogenes Gesindel, als Niederster unter den Niederen. Der horizontale Hass von einfachen Leuten gleicht dem Gemümmel der Greise. Nur der vertikale Hass bringt wahre Erleichterung. Die Herren setzen auf diese Politik der Ablenkung. Wer schert aus, wer spielt nicht mit, wer verbraucht sich nicht in Nachhutgefechten? Der von allen Seiten befehdete junge Gläubige deutschen Sinnes, der deutsche Moslem. Von ihm und von seinen selbsternannten Feinden ist in diesem Buch die Rede. Die Angstgegner scharen sich um längst erloschene Lagerfeuer, sie brüllen Flüche in die kalte Nacht. Das alles verdrießt den jungen Moslem nicht. Seltsam: Den Anekdotentanten, die sonst von freiem Leben schwätzen, fallen im Anblick von Muslimas mit Schamtuch nur Norm und Standard ein. Bekämpft man die Männertyrannei, wenn man junge Frauen zur Ordnung ruft? Im kleinen Nähzirkel wird die Likördamenfeministin gefeiert; es packt sie aber die kalte Wut, weil sich die von ihr Beleidigten und Beschimpften nicht von Gebell beeindrucken lassen. Tatsächlich sind die Mediengeschöpfe der Islamdebatte traumatisiert: In den Armeleutevierteln gelten sie als verbissene Spinner. Manch ein nützlicher Idiot wird, so seine Zeit des Ruhms vergangen ist, mit einem Gefühl der Verbrauchtheit ins Ungefähre starren.

Auf die Aufklärung beziehen sich heute also fast nur dumme Frauen und Männer. Wer aber kämpft mit dem scharfen Schwert der Kritik? Es sind dies sowohl die nicht organisierten Moslems, als auch die Gläubigen in den Moscheeverbänden. Sie wissen: Der Glaube ist nicht der Haschkeks für den Sinnsucher. Und also lehnen sie den Wahn einiger Konvertiten ab. Sie wissen: Der landvölkische Spiritismus der Anatolier und der Sekteneifer der Araber sind fatale Abweichungen vom Glauben. Sie wissen: Islam bedeutet Hingabe und nicht Unterwerfung. Die freien jungen Muslimas und Moslems müssen endlich, ohne Gängelung durch Außenstehende und Übelmeinende, zusammenkommen. Eren Güvercin schlägt völlig zu Recht eine alternative Islamkonferenz vor – das wird ein schöner Anfang sein. Was bringt also die Zukunft? Deutsche Moslems werden den deutschen Islam leben. Wer auf des Gläubigen Anpassung im Sinne einer Abkehr von Gottes Wort setzt, verliert sein Wettgeld.

Einführung

*„Das Denken lernen wir, indem wir auf das achten,
was es zu bedenken gibt."*
Martin Heidegger

In der sogenannten Islamdebatte der letzten Jahre ist der Türke, Albaner, Kurde und Araber vom Kanaken zum „Moslem" mutiert. Während in den 1980er- und 1990er-Jahren der Begriff der Ausländerfeindlichkeit noch en vogue war, ist dieser Begriff in der Islamdebatte aus dem Wortschatz der Debattenteilnehmer verschwunden. Er bekam in den letzten Jahren durch den Begriff „Islamkritik" einen pseudo-wissenschaftlichen Touch. Unter dem Deckmantel der Islamkritik sind ausländerfeindliche und dumpfe Parolen wieder salonfähig geworden. Die Ressentiments sind aber dieselben geblieben, die auch durch diesen Etikettenschwindel nicht kaschiert werden können, egal wie sehr sie sich mit Fakten und Studien wappnen.

Diese Entwicklung hat auch damit zu tun, dass die junge Generation der Muslime, die Neo-Moslems, sich eben nicht in die Ethnoecke drängen lassen. Sie pfeifen auf die ethnische Komponente und provozieren die bürgerlich-spießige Szene mit ihrem Bekenntnis zur deutschen Kultur und zu ihrem Heimatland Deutschland. Sie sehen sich in erster Linie als Deutsche, machen aber auch keinen Hehl daraus, Muslime zu sein. Einige wenige VIP-Migranten und Berufsmuslime treten in der Islamdebatte auf das Podium mit einer rechtfertigenden Haltung. Sie entschuldigen sich für ihre hohlen Glaubensgenossen und sind auch schnell dabei, aufgrund des öffentlichen Drucks ihren Glauben zu relativieren, um sich dadurch einen „liberalen" Touch zu geben. Die Neo-Moslems – um ihnen einen Namen zu geben – dagegen reagieren nicht, sondern agieren. Wer sind die Neo-Moslems? Im ersten Teil des Buches versuche ich die verschiedenen Facetten der Neo-Moslems zu skizzieren. Es sind zunächst die jungen Muslime, die einen türkischen, arabischen oder anderen Hintergrund haben, aber hier geboren und aufgewachsen sind. Sie sind einfach ein Bestandteil der deutschen Gesellschaft. Als Neo-Muslime kann man ebenso die größer werdende Anzahl deutscher Muslime bezeichnen, die – aus welchen Gründen auch immer – zum Islam gefunden haben und für die der Islam ein Teil ihrer Identität geworden ist. Sie handeln selbstbewusst, gehen mit ihrer Elterngeneration und der verkorksten Vermischung von religiöser und kultureller Tradition kritisch um, ohne jedoch Zugeständnisse in den zentralen Glaubensinhalten zu machen. Sie provozieren in beiden Richtungen. Sie sind eine Herausforderung. Denn so kritisch sie mit verschiedenen Ausartungen des Islam umgehen, so wenig zimperlich sind sie auch mit der Mehrheitsgesellschaft. Sie dienen sich nicht der herrschenden Meinung an, um sich als „Berufsmuslime" im Markt zu etablieren, sondern sie nehmen ihre Verantwortung als Bürger dieses Landes ernst. Sie lassen sich keine Themen vorgeben. Sie diskutieren nicht nur über die Integration und den Islam in Deutschland, sondern machen sich Gedanken über die wirklich relevanten Fragen unserer Zeit, sei es die immer fortschreitende Sozialerosion oder auch ganz aktuell die Auswirkungen der Finanzkrise auf den gesellschaftlichen Zusammenhalt. Sie wenden sich gegen die politisch-korrekten Weichzeichner in den Mainstream-Medien. Die willkürliche Verwendung politischer Labels wie „liberal" oder „konservativ" wird nach ihnen der gesellschaftlichen Realität nicht gerecht.

Der zweite Teil handelt von denjenigen, die vorwiegend über die (jungen) Muslime sprechen und schreiben. An die Kritik der Islamkritik schließt sich dann der Teil an, in dem ich versuche – ähnlich einem Manifest – die Themen zu behandeln, die die

Neo-Moslems beschäftigen. Es sind, vielleicht zur Überraschung einiger Beobachter, ganz unterschiedliche Themen, zu denen sie etwas zu sagen haben. Mit „Neo-Moslems. Porträt einer deutschen Generation" versuche ich, diesen Stimmen einen Raum zu geben.

Dankbar bin ich den zahlreichen Gesprächspartnern, die in diesem Buch Erwähnung finden. Ohne den geistreichen Austausch mit Ihnen wäre das Buch nicht zustande gekommen. Hervorheben möchte ich hier besonders Eberhard Straub, der immer ein offenes Ohr für mich hatte. Seine kritischen und inspirierenden Anmerkungen und Gedanken waren in der Entstehung des Buches sehr wertvoll. Und natürlich danke ich von Herzen meinem guten Freund Feridun Zaimoglu. Nicht nur für das Vorwort. Er hat mich immer wieder ermutigt, endlich mal etwas zu schreiben. In den über zehn Jahren, die wir uns nun kennen, war er ein guter Weggefährte, der immer einen guten Rat hatte und einen gepusht hat. Danke, Feridun Abi!

Danken möchte ich auch besonders Milad Karimi und Nimet Seker für ihre Unterstützung. Sie hatten immer ein offenes Ohr für mich. Es ist schön zu wissen, dass man solche wertvollen Freunde hat. Und schließlich möchte ich auch meinem Lektor Patrick

Oelze für die angenehme Zusammenarbeit mit ihm danken. Mit seinen kritischen und klugen Anmerkungen hat er dem Buch den Feinschliff gegeben.

Köln, März 2012

Eren Güvercin

Notiz zu den verwendeten Zitaten

Ein Großteil der im Text verwendeten Zitate geht auf Gespräche und Interviews zurück, die ich selbst geführt habe und die von den Gesprächspartnern autorisiert wurden. Zitate aus Artikeln oder Büchern sind als solche benannt.

1.
Wer sind die Neo-Moslems?

Die goldene Generation

Die Integrationsdebatte hat in den vergangenen Jahren zum Teil schrille Formen angenommen. Jüngster Auslöser war das Buch von Thilo Sarrazin „Deutschland schafft sich ab". Viele Experten haben im Laufe dieser Diskussionen immer wieder vor Pauschalisierungen und einer Ethnisierung sozialer Probleme gewarnt. Feridun Zaimoglu gab zu Protokoll, Sarrazin halte einer verunsicherten Mittelschicht den Muslim als ‚Vogelscheuche' hin, anstatt Einwanderung als europäische Normalität zu betrachten.

Zu dieser Normalität würde auch gehören, die Biografien der ersten Gastarbeitergeneration angemessen zu würdigen. Diese Generation kommt allerdings in den Debatten kaum vor. Was waren das überhaupt für Menschen? Was hat diese erste Generation veranlasst, als junge Menschen in ein fremdes Land, in eine fremde Kultur zu kommen? Was waren ihre Hoffnungen, ihre Ängste? Man kann sich gar nicht vorstellen, was es für ein Abenteuer für meinen Vater gewesen sein muss, als er in den 60er-Jahren aus seinem Dorf bei Gümüshane aus dem Nordosten der Türkei mit dem überfüllten Zug nach einer anstrengenden Reise in Deutschland ankam. Einige Verwandte waren schon seit einigen Jahren als Gastarbeiter in Deutschland, als er endlich auch einen der heiß begehrten Plätze ergatterte. Wie in einer Musterung wurden die Bewerber von Deutschen in der Türkei gesundheitlich mit deutscher Gründlichkeit überprüft. Erst nachdem sie als arbeitstauglich eingestuft wurden, bekamen sie die Erlaubnis als Gastarbeiter nach Deutschland einreisen zu dürfen. Diese jungen Männer hatten einen Traum. Sie wollten einige Jahre in Deutschland arbeiten, um mit den Ersparnissen in ihre Heimat zurückzukehren und eine eigene Existenz aufzubauen.

Diese Aufbruchstimmung der ersten Generation spürt man immer noch, wenn sie von dieser Zeit erzählen, von ihren ersten Erfahrungen in Deutschland. Sie sprechen trotz vieler negativer Erlebnisse am Arbeitsplatz oder auf der Straße immer mit sehr viel Respekt über ihr Deutschland, das damals für sie eine zutiefst fremde Kultur und eine vollkommen neue Umgebung war. Diese jungen Frauen und Männer waren sich nicht zu schade, auch die schwerste Arbeit zu verrichten. Mein Vater erzählt mit glänzenden Augen von seinen ersten Jahren in Deutschland. Mit einigen Verwandten aus seinem Heimatdorf hat er oft 15 Stunden am Tag hart gearbeitet und in Containern oder Arbeiterwohnheimen gelebt. Trotzdem erzählen alle mit Nostalgie über diese harte, aber glückliche Zeit.

Die Jahre vergingen, einige schafften den Absprung, wie mein Onkel, der wirklich nach wenigen Jahren in die Türkei zurückkehrte, aber viele, wie auch mein Vater, konnten sich nicht von Deutschland lösen. Stattdessen holten sie ihre Ehefrauen nach und lebten sich immer mehr ein. Lange Jahre hatten sie immer noch im Hinterkopf zurückzukehren. Sie füllten die Fabrik- und Montagehallen, standen am Fließband, putzten Böden blank oder arbeiteten bei der Müllabfuhr. Sie nahmen diese Arbeiten an, ohne sich an dem Mangel an Ansehen zu stoßen, der mit der Art ihrer Beschäftigung einherging. Diese Gastarbeiter waren Pioniere und sich für keine Arbeit zu schade. Ihren Kindern lebten sie vor, dass ehrlich verdientes Geld einen hohen Stellenwert hat. Diese Gastarbeitergeneration wurde von außen oft leichtfertig als homogener Block wahrgenommen. Feridun Zaimoglu verweist in diesem Zusammenhang auf die „Binsenweisheit", „dass kein Mensch mit einer strengen, linearen Biographie aufwarten kann". Der Versuch, Einzelne wie Kollektive zugunsten vermeintlicher Erkenntnisgewinne zu vereinheitlichen, müsse in eine Art „Küchenethnologie" enden, so Zaimoglu. Denn die Konfliktlinien verlaufen eben nicht zwischen den Kulturblöcken, sondern innerhalb der Kulturkreise: „Eine Schafherde bleibt zusammen, weil die Hirtenhunde sie zusammentreiben. Menschen haben es an sich, dass sie die angestammten Schollen verlassen und neue Siedlungen aufsuchen. Wer in so einer Klimazone der Unterschichtenkräfte aufwächst, hat sich für sein späteres Leben eins vorgenommen: Er will nicht auf halber Strecke verrecken. Um Gottes Willen: Nein!

Das ist die Realität von Tausenden Gastarbeiterhaushalten der ersten Stunde, von den verschimmelten Arbeiterbaracken, von den Hinterhausbuchten und den Elendkabuffs, in denen wir groß geworden sind. Wir, das sind die Zuwandererkinder."

Die Realität von uns ‚Gastarbeiterkindern' war eine gute Lebensschule. Die Armut, die Verhältnisse, in denen wir aufwuchsen, gaben uns etwas mit, was kein staatlich verordnetes Integrationsprogramm leisten konnte. Die Verhältnisse waren nicht kuschelig, aber dafür waren die Legenden und Erzählungen der Väter und Mütter reich. Besonders die Mütter, die immer noch oft als unmündige, uniforme Masse von Frauen dargestellt werden, spielten eine immense Rolle mit ihrem großen Sprachschatz und ihrem hellwachen Geist. Viele von ihnen waren nach westlich-moderner Vorstellung ungebildet, meine Mutter etwa war Analphabetin und hatte keine Schule besucht. Nach modernen Bildungs- und Familienvorstellungen hatten wir eine ziemlich miserable Ausgangsposition im Vergleich zu unseren Altersgenossen.

Diese großen Frauen der ersten Einwanderergeneration beherrschten vielleicht nicht das enzyklopädische Alphabet, aber sie sind Meisterinnen des Lebensalphabets, wie es die Schauspielerin Renan Demirkan mir in einem sehr emotionalen Interview beschrieb: „Meine Mutter erspürte das Leben besser, als jeder Wissenschaftler es zu analysieren vermag. Eine Unbelesene, die wesentlich wissender war über die Dinge des Alltags, als ein Belesener es jemals sein wird. Diese Leute, die hierher kommen, laufen wirklich mit offenen Augen und Armen in dieser Gesellschaft herum. Auch wenn sie nicht vieles begreifen, so stellen sie doch Fragen. Auch wenn sie nicht alle Antworten verstehen, so bleiben sie da und suchen weiter. Sie werden nur nicht so sichtbar wie all die, die hier laut von sich reden, weil es nicht ihre Kultur ist und sie haben es nie gelernt, sich sichtbar zu machen."

Es wird in der zum Teil absurden Integrationsdebatte gar nicht vor Augen geführt, wie sich fast über Nacht Hunderttausende Anatolier bäuerlicher Tradition in das Heer des zugewanderten Industrieproletariats verwandelten. Und viele ihrer Kinder und Kindeskinder, also Bauernarbeiterkinder, verlassen die

Rolle der Deklassierten und wollen sich nicht mit dem Gang durch die Institutionen begnügen, wie es der deutsche bürgerliche Nachwuchs bis zur Perfektion betreibt. Dabei stoßen sie auf ein wirkliches Kulturvakuum und suchen es auszufüllen.

Deutsch-deutsche Muslime

Skurrile Konvertiten wie Pierre Vogel prägen durch ihre öffentlichen Auftritte das Bild vom muslimischen Deutschen, der seine deutsche Identität abgelegt und eine sogenannte ‚islamische Identität' angenommen hat. Diese angebliche islamische Identität besteht aber bei diesen Akteuren oft aus einer bloßen Nachahmung der arabischen Kultur und einem ideologischen Islam, der im Fall Pierre Vogel eine wahhabitische Färbung hat. Selten kommen deutsche Muslime in der Öffentlichkeit vor, die eben keinen Widerspruch sehen zwischen ihrer deutschen Kultur und dem Islam. Die Neo-Moslems, deren Eltern aus der Türkei oder der arabischen Welt stammen und als Gastarbeiter nach Deutschland kamen, profitieren von den Erfahrungen der deutschen Muslime, die sich im Laufe ihres Lebens für den Islam entschieden haben, denn sie sind oft eher in der Lage, kritisch über bestimmte unheilvolle Entwicklungen in der islamischen Welt zu reflektieren. So wie Andreas Abu Bakr Rieger, Rechtsanwalt und deutsch-muslimischer Intellektueller. Der in Freiburg geborene Jurist studierte schon in jungen Jahren die Werke Martin Heideggers, vor allem seine Technikkritik. Rieger ist der Ansicht, dass die deutschen Muslime auch der islamischen Welt aus ihrem Schatz etwas mitgeben können. Neben der Gelassenheit gegenüber der Technik, statt der Technikgläubigkeit, die in der islamischen Welt sehr verbreitet ist, könnten geschichtsbewusste deutsche Muslime der islamischen Welt auch eine natürliche Skepsis gegenüber jeder ideologischen Verblendung, die den Feind nötiger brauche als etwa das Gebet, mitgeben. Rieger, der auch Herausgeber der Islamischen Zeitung ist, versucht den Islam zwischen Technik und Ideologie zu denken, und leistet mit seiner Zeitung einen wichtigen Beitrag zur innermuslimischen Debatte über Grundsatzfragen unserer Zeit. „Unsere allgemeine Verachtung, als rechtstreue Bürger, gegenüber Selbstmordattentätern kann man ja auch in dieser Zeitung nachlesen. Ein deutscher Muslim wird aber auch Rainer Maria Rilke zitieren und dessen Erschütterung teilen, dass ‚die Erde dem Menschen in die Hände gefallen ist'", so Rieger.

Er betont die prophetische Tradition, jegliche Form des Extremen zu meiden und den Mittelweg einzuschlagen. „Deutsche Muslime revoltieren nicht etwa gegen unser deutsches Erbe, im Guten wie im Schlechten, sie ziehen einfach nur eine andere Quintessenz daraus. Für deutsche Groß-Intellektuelle, die sich gerne gegen „Kopftuchmädchen" und „Extremfälle aus dem Milieu" positionieren, sind wir deutschen Muslime ernstzunehmendere Sparringspartner." Vielleicht ist das eben auch der Grund, wieso Freidenker wie Rieger aus der öffentlichen Islamdebatte ausgeschlossen werden. Rieger betont, dass er in der islamischen Tradition, in der Muslime denken und leben, bisher kein islamisches Wissen gefunden habe, dass seinem von Deutschland geprägten Intellekt oder seinen europäischen Erfahrungen überhaupt widerspreche. „Vielleicht auch, weil uns die Identitätskrisen der Immigration erspart geblieben sind, praktizieren wir unseren Islam durch alle Aufregungen hindurch eigentlich ruhig. Es ist der gerade Weg. Deutsche Muslime bleiben den neuen Extremen der Esoterik oder des Extremismus fern, unter deren Eindruck so viele Muslime heute leider stehen."

Die Realität von weit über einer Milliarde Muslime bringt mit sich, dass es muslimische Otto-Normal-Verbraucher wie auch muslimische Kriminelle gibt. Rieger warnt davor, in die Falle zu laufen, dass man nun als Muslim aus einer Art Solidaritätsverpflichtung jeden aberwitzigen Irrweg irgendeiner muslimischen Gruppe vertreten oder gar verteidigen müsse. „Es mag muslimische Bankräuber geben, aber keinen islamischen Bankraub. Das ist die Linie, um die es zunächst geht."

In der ganzen Sarrazin-Debatte kamen bisher die deutschen Muslime, die gerade das Bild vom Islam, das Sarrazin erfolgreich in der Bevölkerung geschaffen hat, durchbrechen würden, viel zu wenig vor. Die Aussagen Sarrazins, dass der Islam kulturell vom „Westen" verschieden sei, dass er Ideologie befördere und der Gewalt nahestehe, würden durch ein Streitgespräch etwa zwischen Rieger und Sarrazin bei Anne Will oder einer anderen Talkshow ad absurdum geführt werden. Ist es Zufall, dass die Medien daran kein Interesse haben?

Nur durch diese gewollte oder ungewollte Unterstützung der Medien konnte Sarrazin seine billigen Polemiken aufrechterhalten. Sarrazin beschreibt den Islam als eine „abgeschlossene Religion und Kultur, deren Anhänger sich für das umgebende westliche Abendland kaum interessieren – es sei denn als Quelle materieller Leistungen." Für Rieger, der aus Liebe zu

Goethe einige Jahre mit seiner Familie in Weimar lebte und Ausflüge für junge Muslime nach Weimar organisierte, findet bei dem Hobby-Genforscher Sarrazin die versöhnliche Maxime Goethes, dass die Natur kein System sei, jedenfalls keine Anwendung, soweit die Natur der Muslime betroffen ist.

„Wie alle Finanztechniker ist Thilo Sarrazin grundsätzlich blind gegenüber dem abgründigen Beitrag des entfesselten Kapitalismus, der ganzheitliche und religiöse Maßstäbe annimmt und heute im globalen Maßstab zur Entwicklung, besser gesagt zur Degenerierung von Kultur, Familie und all den Werten, die er vorgibt zu verteidigen, beiträgt", so Rieger. Sarrazin selbst werde nicht zufällig zur Ikone in einem bekannten deutschen Leitmedium, das sich aus Verkaufsgründen neben Politik in aller Kürze und (dem natürlich besten) Sportteil eben auch alltäglich der „Ausbildung", also Verblödung und Verrohung einer ganzen Unterschicht, widme.

Damit Sarrazin die unsinnige These von der kulturellen Unvereinbarkeit des Islam mit dem „Westen" grundsätzlich durchhalten könne, müsse er, wie viele Autoren vor ihm, die europäisch-bosnischen Muslime (die Opfer des letzten Religionskrieges in Europa) genauso verschweigen wie die neuen Generationen deutscher Muslime, die er polemisch nur als potenzielle Gewalttäter fassen kann. „Hier herrscht die Art von Ignoranz, die Sarrazin auch behaupten lässt, qur'anische Suren rechtfertigten den Terrorismus – natürlich in völliger Unkenntnis tausender Schriften muslimischer Juristen aller Epochen zu diesem Thema." Gerade als Herausgeber der Islamischen Zeitung hat Rieger schon weit vor dem 11. September 2001 dem angeblich islamisch legitimierten Terrorismus aus der islamischen Tradition heraus argumentierend widersprochen.

Intellektuell schwach aufgestellt ist das Buch für Rieger insbesondere bei der Analyse der größten muslimischen Minderheit in Deutschland: der Türken. Dies liegt für Rieger auch daran, dass der Autor beinahe ausschließlich eine einzige Autorin als Quelle für seine Türkeiexpertise heranzieht. So unterschlage Sarrazin, dass der Vorwurf der Bildungsferne vieler Türken natürlich auch für ihre Bildung im Islam selbst gälte!

Rieger und die Islamische Zeitung gehen auch kritisch mit den Muslimen und ihrer Geistesvergessenheit um. Die sei kein großes Wunder, sei doch der größte Teil des geistig-muslimischen Erbes der Türkei, in Form hunderttausender Bücher, in einer Sprache – der

Osmanischen – geschrieben, welche die Türken heute gar nicht mehr beherrschten. „Die Türkei ist ja in den letzten Jahrzehnten geistig nicht nur durch den Islam, sondern auch durch einen bürgerlichen Säkularismus, der übrigens auch ideologische und militante Formen annimmt, durch Nationalismus und Kapitalismus geprägt. Eine große Zahl muslimischer, aber übrigens auch eine große Zahl türkisch geprägter Verbände, spiegeln heute diese Mischformen wider."

Wie komme Sarrazin nur darauf, dass der Islam per se grundsätzlich an allen negativen Phänomenen muslimischer Einwanderer schuld sein soll? Rieger fordert gerade aufgrund dieser Debatte der letzten Zeit die Muslime zur Selbstkritik auf. „Natürlich haben Muslime – und damit sind nicht nur die orientierungslosen Ghettokinder Neuköllns gemeint – selbst auch beigetragen zu der heute so verbreiteten mangelnden Differenzierung und Unterscheidung zwischen der Alltagsrealität der Muslime und dem Islam." Die türkischen Verbände seien nicht wirklich multi-kulturell verfasst, hin- und hergerissen zwischen Beflaggung, ethnischen Trennlinien und religiöser Verantwortung. Daher müssten die muslimischen Verbände sich einige kritische Fragen anhören: „Welcher türkische Verband hat – wie es der Islam ja eigentlich fordert – aktiv andere Ethnien im Lande zur

Mitgliedschaft aufgefordert? Will man an diesen Trennlinien allen Ernstes dauerhaft festhalten? Fürchtet man ohne die ethnische Differenzierung, vielleicht auch mangels eines gemeinnützigen, offenen Programms, eine Identitätskrise?"

Die „deutsch-deutschen" Muslime spielen eine wichtige Rolle, um in der Integrationspolitik nicht in ein Schwarz-Weiß-Denken zu verfallen. Trotz seiner inhaltlichen Kritik an vielen polemischen Aussagen Sarrazins scheut sich Rieger auch nicht davor, ihm in einigen Punkten Recht zu geben: „Ich stimme, schon als Herausgeber einer deutschsprachigen Zeitung, Sarrazin zu, dass in muslimischen Kreisen, um mal das Klavier anders anzufassen, tatsächlich zu wenig gelesen und zu viel ferngesehen wird. Ich finde auch, dass man an dem Ort, an dem man ehrlich lebt, auch kulturell ankommen muss. Ich denke nicht, dass eine einheimische muslimische Identität in abgeschotteten Gewerbegebieten angesiedelt werden kann. Ich würde auch gerne mehr Muslime Weimar, den Ort deutscher und europäischer Geistesgeschichte, besuchen sehen."

Aber im Gegenzug würde er auch gerne sehen, dass mehr Deutsche den Islam als Alternative zu dem ökonomisch-technischen Weltbild Sarrazins und seinen Idealen, bis hin zur Züchtung ökonomisch nutzbaren Lebens, begreifen würden. „Bekennen, Fasten, Pilgern, Beten und die Zakat zahlen sind faszinierende Stolpersteine jenseits einer allein ökonomisch durchplanten Zukunft. Die Zweifel an diesem ökonomischen Modell wachsen ohnehin bei allen denkenden Menschen".

Die neue kulturelle Avantgarde

Auch wenn in der Öffentlichkeit lange Zeit Migranten nur als „Gastarbeiter" angesehen wurden, gibt es bereits seit drei Generationen Kulturschaffende unter ihnen. Lange wurde das lediglich als ein Randphänomen betrachtet und etwa als „Gastarbeiterliteratur" kategorisiert. Anfangs wurde etwa der Star-Regisseur Fatih Akin, der in seinen ersten Filmen verschiedene Fragen der Einwanderer in Deutschland thematisierte, als „Meister des Migranten- und Nischenkinos" (Georg Jansen) bezeichnet. Spätestens aber mit seinem großen Erfolg *Gegen die Wand* emanzipierte Akin sich vom Gastarbeiterstatus der Elterngeneration und stieg endgültig in die Riege der großen deutschen Regisseure auf. Der Literaturwissenschaftler Georg Jansen konstatiert, dass Fatih Akins neuere Filme keine Filme mehr über Minderheiten seien, bei denen letztlich alles auf die Entscheidung zwischen Bleiben oder Zurückgehen hinauslaufe. Es seien vielmehr Porträts der deutschen Großstädte im 21. Jahrhundert. „Das Außenseitertum, die aus dem Ausland kommende Randgesellschaft, ist längst in den Zentren der Städte angekommen und damit auch im Zentrum der Kultur eines Landes, das wie kaum ein anderes in Europa schon allein wegen seiner zentralen Geografie auf multikulti angelegt ist. Dem Ausland dieses kulturell wandelfähige Deutschland zu zeigen, darin liegt eines der Verdienste Akins um den deutschen Film", betont Jansen.

Dem deutschen Schriftsteller Feridun Zaimoglu wurde in seiner Anfangszeit vom Feuilleton gar jede literarische Relevanz abgesprochen.

Über die Wut auf die eigene elende Situation kam Zaimoglu zum Schreiben. In „Kanak Sprak – 24 Misstöne vom Rande der Gesellschaft" von 1995 verarbeitete er die Wutmonologe von Freunden in eine kämpferisch-spielerische Kunstsprache. Feridun Zaimoglu, der sich als „educated Kanakster" bezeichnete, verlieh den Kindern von türkischen „Gastarbeitern" eine Stimme. Doch das Feuilleton stellte Zaimoglu als einen Satiriker, Soziologen oder gar als Sozialarbeiter dar, als „Bürgerschreck der deutschen Literaturszene".

Es kursierten Zuschreibungen wie „Malcolm X der Türken" oder „Rudi Dutschke der Deutschländer". Die Lesungen von Kanak Sprak waren regelrechte Underground-Revolten. Sie fanden nicht in Literaturhäusern statt, sondern in Jugendhäusern, Schulen und Universitäten.

„Meine Heldinnen und Helden sind Nicht-Bürgerliche. Das kommt daher, dass ich das Spannende, das Gärende, das wild Wachsende eben nicht im deutschen Bürgertum, bei den Bürgerlichen sehe", sagt Zaimoglu.

Die heftigen Kritiken gegen sein Werk „Kanak Sprak" brachten ihn nicht aus der Ruhe. Er macht gerne Krawall: „Ich habe natürlich für Verwirrung gesorgt, weil ich eben nicht als Türke aufgetreten bin, sondern auch damals keinen Hehl daraus gemacht habe, dass ich ein Deutscher mit türkischen Eltern bin. So, da hatte ich den Salat, und selbstverständlich war ich nicht darauf gefasst, aber ich habe es geliebt. Und ich liebe es immer noch. Ich liebe es immer noch, mich mit Menschen zu streiten, denn so wenig die Verhältnisse da draußen eine Kuschelveranstaltung sind, so wenig mag ich es auch – vor allem wenn ich auf dem Podium sitze –, einen Orchestergraben herbeizuzaubern, sodass Distanz zwischen mir, dem Alphamenschen, und dem Menschen im Publikum herrscht.

Also von Anfang an ging es um harten Fight." Erstaunlicherweise kamen die härtesten Angriffe aus einer anderen Richtung: „Die heftigsten Anfeindungen kamen von Türkischstämmigen, die ich als integrierte Assimil-Zombies auch beschimpft habe, denn für mich war es furchtbar, mit anzusehen, wie Kinder von Arbeiterbauern das kleinbürgerliche Programm nachzeichneten. Mir ging es immer schon auf die Nerven, wie sie sich verzeichnet haben, wie sie sich verkrümmt haben, wie sie etwas gelebt haben, dass an sich verlogen war; und das sie auch unwahrhaft machte. Ihre Argumente waren in meinen Augen falsch und das habe ich dann offen ausgesprochen. Selbstverständlich bekam ich dann zu hören, dass ich den Türkenproleten, den Kanakenproleten auf der Straße oder sogar den Moslemradikalen auf der Bühne inszenieren oder darstellen würde."

Die ihm oft zugewiesene Rolle als Vorbild für junge Menschen mit Migrationshintergrund lehnt der Schreiber Zaimoglu trotz seines schriftstellerischen Erfolges ab. „Ich bin ein doppelter Studienabbrecher, ich habe keine Ausbildung, und ich bin ganz sicher kein glänzendes Vorbild für andere Menschen. Ich bin eher ein Paradebeispiel dafür, wie alles misslingen kann, dass man eben nicht Menschen mit technischen Begriffen beikommen kann. Das Wort „Integration" stammt aus dem Technokraten-Jargon, und ich kann damit herzlich wenig anfangen. Wofür ich stattdessen eintrete, ist, dass man bitte schön nicht zu feige sein soll, um von Deutschland als seiner Heimat zu sprechen."

Zaimoglu ist nicht nur in sprachlicher Hinsicht eine Bereicherung. Vielen Neo-Moslems geben seine Texte und Auftritte Selbstbewusstsein. Sie lassen sich von seinem harten Fight anstecken und stemmen sich den Anfeindungen entgegen, jeder mit seiner Variante der Partisanentechnik, damit eben nicht die Rechnung aufgeht, die armen Schweine in der Unterschicht gegeneinander in Stellung zu bringen. Seit langem, betont Zaimoglu, werde versucht, soziale Probleme zu ethnisieren. „Das ist mittlerweile eine Binsenweisheit, die sogar Erstsemester in Cultural Studies mitkriegen", so Zaimoglu. Deutschland habe sich aber verändert: „Ich sehe, dass man in Deutschland sehr weit ist. Ich sehe, dass vor allem unter den jüngeren Semestern, bei den jüngeren Menschen diese ethnische Differenz keine Rolle spielt. Ich bin der Meinung, dass wir mitten in einer heftigen Sozialerosion sind, und damit einhergehend wird es natürlich ziemliche soziale oder gesellschaftliche Aufwürfe geben. Das heißt, einst entdeckte man die national befreiten Zonen in manchen Gebieten Ostdeutschlands, und wir sehen jetzt, dass natürlich gewisse Parteien, dass Rechtsextreme daraus Kapital schlagen. Wir sehen sogar, dass die bürgerlichen Parteien über die böse Zuweisung auch Stimmen gewinnen oder Stimmungen machen wollen. Ich bin der Meinung, dass es zu diesem Spiel dazu gehört; es wird nur heftiger werden. Also in den nächsten Jahren wird es zu noch größeren Massenentlassungen kommen und die Unzufriedenheit wird dann einen bestimmten Kippmoment erreichen. Was danach passiert, weiß ich nicht. Auf dem Weg dahin sehe ich, dass viele bürgerliche Kräfte auch versuchen, Fremde gegen Einheimische in Stellung zu bringen. Die Realitäten in Deutschland sehen mittlerweile so aus, dass man nicht so ohne Weiteres aus dem Fremden Kapital schlagen kann."

Gegen Multikulti und Euro-Islam

Feridun Zaimoglu zeichnet sich dadurch aus, dass man ihn nicht so einfach festlegen kann. Er ist für jeden eine Herausforderung. Anders als viele wohl erwarten würden, hält Zaimoglu beispielsweise nicht sehr viel von Multikulturalismus. Für ihn ist Multikulti die Koexistenz der Speisekarten. „Dieser Multikulturalismus wurde vielleicht mit guter Absicht konzipiert, aber sehr schnell kippte das zu einer lächerlichen Idee, zu einer Ohnmachtsgeste von Menschen, die einen Migrantenverein nicht mal von innen gesehen haben. Es ist lange her, dass ich diesen Begriff gehört habe. Natürlich müssen die Ausländerbeauftragten immer wieder mit diesem Unsinnswort operieren. Was soll das bitte schön sein? Man möchte hier Kulturen gegeneinanderstellen, ja und dann was? Dann kommen die Menschen, dann kommen die Passanten und sie gehen durch diese Kulturen und wieder raus. Diese Kultur hat einen Eingang und einen Ausgang. Ich gehöre nicht zu denen, deshalb habe ich die Multikulturalität auch bekämpft. Ich gehöre nicht zu denen, die der Ansicht sind, dass man jede Kultur nehmen und auf ihre Eurokompatibilität hin untersuchen und verändern lassen muss; das glaube ich nicht. Deshalb bin ich auch ein erbitterter Gegner des Euro-Islam, der für mich auch eine Kopfgeburt ist und eigentlich letztendlich nur die Kopfgeburt von irgendwelchen Wichtigtuern, die – irgendwie glaube ich – zu oft in die USA gereist sind, viele amerikanische Bücher gelesen haben und jetzt in Deutschland damit glänzen wollen. Ich wünsche diesen Professoren alles Gute, aber ich kann ihnen nicht unbedingt Gedanken, Schliff und Brillanz unterstellen; wahrlich nicht."

Zaimoglu mutierte – ob er wollte oder nicht – in der Öffentlichkeit zum Türkeiexperten oder Vermittler zwischen Europa und der Türkei. Er ist eine kritische Stimme, wenn es etwa um den EU-Beitritt der Türkei geht. Zu Recht weist er darauf hin, dass kein Deutscher des Populismus beschuldigt werden kann, der in wirtschaftlich schwierigen Zeiten eine EU-Mitgliedschaft der Türkei vielleicht ablehnt. „Man muss aber auch bedenken, dass der historische Feind, den vor allem als liberal geltende Sozialwissenschaftler ins Spiel bringen, längst tot und begraben ist. Den historischen Feind gibt es nicht. Aber was gibt es? Es gibt selbstverständlich – da kann man es drehen und wenden wie man will, und mit billigem Humanismus kommen wir nicht weiter – eine andere kulturelle Prägung, eine andere kulturelle Kulisse. Und diese Kulisse ist was? Es ist der Islam. Es ist nun einmal so, dass wir es mit zwei Glaubenssätzen zu tun haben. Das Wort Religion nehme ich nicht so gerne in den Mund. Wenn ich mich als deutschen Moslem bezeichne, wenn ich mich als islamisch geprägten, türkischstämmigen Deutschen bezeichne – es wird immer länger, wie Sie sehen –, möchte ich selbstverständlich damit zum Ausdruck bringen, dass ich, egal wie lange ich hier lebe, bestimmt nicht von meinem Glauben abrücken werde. Und wenn man hier – das ist an die Adresse der Menschen gerichtet, die noch irgendwelche linksverquere An- und Absichten haben – wenn man erwartet, dass die Türken-Janitscharen so eine Eurokompatibilität aufweisen sollen, dass man es plötzlich mit einem christianisierten Islam zu tun hat, dann glaube ich, werden sie nicht nur eine, sondern mehrere Ewigkeiten warten müssen. Das wird nie passieren und ich finde es gut; ich finde es sehr gut. Ich stelle in diesem Kontext, in diesem Diskurs fest: ‚Türkei: ja oder nein' wurde mit verdeckten Karten gespielt, statt offen zuzugeben: ‚Ja, verdammt noch mal! Wir haben Angst, wir haben jahrhundertelang Kriege geführt.' Wir können doch nicht so tun, als wären die Türken immer überzeugte Europäer gewesen. Also man muss doch bitte schön die Frage aufwerfen. Bis vor hundert Jahren war die Türkei nicht Europa, und darauf waren diese Leute auch stolz. Und man war hier stolz, nicht dem vorderasiatischen Raum zugeschlagen zu werden. Wenn man offen dieses problematische Thema bespricht, dann muss man die Unterschiede – es gibt ihrer viele – auch bitte schön zur Sprache bringen. Und das wird unter den Gebetsteppich gekehrt. Es wird nicht darüber gesprochen. Der Türke ist entweder gut oder böse. Oder er ist so verzeichnet, lauwarm und man vergisst es: Wenn wir über die Türken reden, reden wir über ein tatsächlich islamisch geprägtes Volk. Ob das schlecht oder gut ist, da gehen die Meinungen auseinander. Ich persönlich sage: gut."

Zaimoglu schockiert auch viele Muslime: „Ich gehöre nicht zu denen, die den Islam als butterweiche Schlafzimmerreligion ansehen. Ich glaube, da herrscht ein Missverständnis. Ich bin eher der Meinung, dass ich als Moslem angepeitscht bin, und dass ich wenig mit einer viktorianischen Empfindsamkeit und diesen wachsweichen Gefühlen zu tun habe; ich hatte immer wenig damit zu tun. Diese Leute, diese moralisch empörten Menschen, diese jederzeit moralisch provozierbaren Menschen sieht man in allen möglichen Lagern, in allen politischen wie religiösen Lagern. Ich kann aber nur sagen, für mich war der Islam in meinem Leben immer eine Kraftzufuhr." Er wurde von seinen Eltern osmanisch erzogen, wie er sagt. Er trägt seinen Glauben nicht zur Schau, aber verteidigt ihn selbstbewusst, wenn er angegriffen wird: „Es gibt nur einen Gott, verdammt noch mal, ja, es gibt nur Einen, und man kann über griechische Philosophie streiten, das bedeutet aber nicht, dass man plötzlich das heidnische Trinitätsdogma ins Spiel bringt. Ich habe sehr früh gesagt, dass ich mir das verbitte. Religion ist in der Wurzel keine Philosophie. Religion übersteigt die Philosophie. Und wenn man philosophische Aspekte oder alte Moralvorstellungen ins Spiel führt, dann muss man sich den Vorwurf gefallen lassen, dass man als verknöcherter Traditionalist oder als sensibles Muselmännchen bezeichnet wird. Aber wahrscheinlich kippt man gleich zur Seite vor Schreck, wenn man auf das erste Schimpfwort stößt."

Zaimoglu will weder etwas mit der „Spaßmacherfraktion mit ihren blöden Glückspillen und Glücksversprechungen" zu tun haben noch mit „christianisierten Moslems".

Lange Zeit haben viele Muslime in Deutschland Zaimoglu eher abgestoßen. Und das aus ästhetischen Gründen. Er wollte mit ihnen nichts zu tun haben. Zwar gebe es auch unter den jüngeren Muslimen manche, die eher eine optische Katastrophe seien, aber trotzdem sieht er unter ihnen viele, die auch in diesem Punkt ihren Glauben nicht „christianisieren": „Sie denken nicht: Ach, alles Irdische ist schlecht! Wir alle sind in Sünden verstrickt, also was sollen wir noch auf diese vergänglichen Sachen wie Kleidung, Aussehen und Körperpflege achten. Nein, sie pflegen sich. Ich treffe immer mehr gepflegte und wilde Moslems. Und das ist für mich eine Augenweide."

Er ist von den jungen, „wilden" Muslimen überzeugt: „Ich glaube, dass was für die deutschstämmigen deutschen Jugendlichen gilt, auch für die türkischstämmigen gilt: ein großer Pragmatismus. Das heißt, sehr viele fragen sich, was hat das, was ich jetzt sehe, was haben diese Dogmen, diese Extreme mit meinem alltäglichen Leben zu tun. Und schon an dieser Frage scheitern viele Versuche der Manipulation. Die Extremisten, also die Softextremisten in Form von Esoterik, und die Radikalextremisten, sie bilden zusammengenommen, und darauf muss man immer aufmerksam machen, eine Minderheit innerhalb einer Minderheit." Aber die Neo-Moslems artikulieren auch ihre Kritik an den politischen und ökonomischen Verhältnissen offen. „Wenn man den Fernseher einschaltet und sich die amerikanischen Besatzungsdemokraten im Irak und die israelischen Besatzungsdemokraten in Palästina ansieht, dann wird man bestimmt nicht zum überzeugten Anhänger der Demokratie. Nur aufgrund der Bilder. Aber sogar da, wo es um die Macht der Bilder geht, sehe ich, dass die meisten Jugendlichen in der Lage sind, das Gute und Schlechte zu unterscheiden und sich selber ein Bild zu machen. Aber auch da bitte ich, gewisse unangenehme Wahrheiten nicht wegzukuscheln. Es ist tatsächlich so, dass eine Großmacht, die für sich beansprucht, die größte Demokratie der Welt zu sein, einen Imperialismus wie aus dem Bilderbuch an den Tag gelegt hat. Ich bitte auch zu berücksichtigen, dass es bestimmt nicht Antisemitismus ist, und auch keine Judenfeindschaft ist, wenn man auf die unhaltbaren Zustände in Palästina hinweist. Wenn man das zur Sprache bringt, dann stößt man natürlich auf Widerstand. Und auch viele Jugendliche in den deutschen Großstädten, vor allem die Jungs, haben es als einen Schlag ins Gesicht angesehen, als die Amerikaner im Grunde genommen das Völkerrecht gebeugt und Tausende von Zivilisten weggebombt haben. Bei allem Pragmatismus muss man selbstverständlich auch bedenken, dass die Jugendlichen nicht apolitisch sind, sondern sie sehen sich das genau an. Ein wie auch immer gearteter Fanatismus wird sich nicht einstellen, aber eine gewisse, nicht verlogene, politische Ansicht. Man kann auch diesen Jugendlichen nicht vormachen, dass alles mit rechten Dingen vorgeht. Man kann auch nicht erwarten, dass die Türken-Janitscharen in den Großstädten sich jetzt erheben, im Sinne einer politischen Bewegung. Noch kann man ihnen unterstellen, dass sie nicht wüssten, wie der Hase läuft. Sie wissen es ganz genau. Die Bauernschläue, die das Türkische mit sich bringt, schützt sie auch vor den Gefahren einer Fanatisierungsinfektion."

Die Gewalt in Kunst verwandeln

Neben seinen Romanen schreibt Feridun Zaimoglu auch Theaterstücke. Mit seinem Stück *Schwarze Jungfrauen* etwa schockt er das Theaterpublikum. Das Theaterstück handelt von fünf jungen muslimischen Frauen. Diese Frauen sind keine „Ja-Sager", keine Ängstlichen, keine Ungebildeten, keine Gutmensch-Frauen. Sie sind zornige, starke, coole, witzige und mutige Musliminnen, die ohne Punkt und Komma ihre persönlichen Geschichten oder Meinungen vortragen. Manchmal ist es vulgär, manchmal radikal, immer kompromisslos.

Die Regie zu diesem Stück führte Neco Çelik vom Ballhaus in Berlin-Kreuzberg. Damit erfüllte sich für ihn ein Traum: „Ein Theaterstück zu inszenieren war für mich schon immer ein geheimer Wunsch gewesen. Als man mir Feriduns Stück „Schwarze Jungfrauen" angeboten hat, habe ich sofort ja gesagt." Zu seiner Theaterpremiere hatte Çelik damit ein Stück zu inszenieren, das viele Theaterbesucher buchstäblich umhaute. „Die Leute sind wirklich von ihren Stühlen gefallen. Sie konnten nicht glauben, dass jemand so etwas sagen kann. Sie sind von diesen Frauen erschüttert. Das beweist, dass das, was sie sagen, in der Öffentlichkeit überhaupt nicht vorkommt."

Mittlerweile hat Neco Çelik im Ballhaus schon bei einigen Theaterstücken Regie geführt. Künstlerische Leiterin des Ballhauses ist Shermin Langhoff. Im November 2008 wurde das Ballhaus wiedereröffnet. Initiator und Träger des neuen Konzepts an der kommunalen Spielstätte ist der Verein „kulturSPRÜNGE", ein Netzwerk von Kulturschaffenden der zweiten und dritten Migrantengeneration, zu dessen Unterstützern und Protagonisten Fatih Akin, Neco Çelik, Feridun Zaimolu, die Schauspielerin Idil Üner, der Rapper Ceza und viele andere Kulturschaffende gehören. „Diese Spielstätte ist aus der Feststellung entstanden, dass es hier ein kulturelles Kapital gibt, das überhaupt nicht gefördert wird", betont Langhoff. „Mein Anspruch ist es, vor allem migrantischen Künstlern aus der zweiten und dritten Generation ein Forum zu geben, um neue Geschichten aus neuen Perspektiven zu erzählen."

Langhaus bezeichnet das Ballhaus als „postmigrantisch". Das umfasse vor allem die Geschichten und Perspektiven derer, die selbst nicht mehr migriert seien, den Migrationshintergrund aber als Wissen mitbringen. „Man bewegt sich mit diesen Selbst- und Fremdzuschreibungen natürlich immer auf einer Grenzlinie. Aber wir brauchen diese Titelagen – auch um zu provozieren und damit wir uns gemeinsam weiterentwickeln können. Denn als ‚junge Deutsche' werden wir einfach nicht gesehen. Ich glaube, dass jede gebrochene Biografie, sei es durch Migration oder andere Umstände, ein gewisses Potenzial birgt."

Neco Çelik ist als Sohn türkischer Gastarbeiter in Berlin-Kreuzberg groß geworden. Seine Biografie liest sich wie ein Film: vom Gangmitglied zum Film- und Theaterregisseur. Die US-amerikanische Zeitschrift „Vanity Fair" bezeichnete ihn als den „Spike Lee Deutschlands". Neco Çelik ist ein Vorbild für viele Jugendliche, die von Integrationsexperten gerne als „perspektivlos" bezeichnet werden. Trotz seines erstaunlichen Werdegangs vergisst Çelik seine Jungs (und Mädels) nicht und arbeitet immer noch ehrenamtlich im Kreuzberger Jugendzentrum Naunyn Ritze. Seine Eltern kamen 1967 als Gastarbeiter nach Deutschland. Als zweitjüngstes von fünf Geschwistern wuchs er in Kreuzberg auf. Über seine Kindheit sagt er: „Hier wächst man in einer türkischen Umgebung auf. Es war zu jener Zeit eine kaputte Gegend, direkt an der Berliner Mauer. Für uns Kinder war das eine aufregende Zeit, für die Erwachsenen ist es ein armes Leben gewesen. In so einer Umgebung hat die Schule keine große Rolle für mich gespielt."

Er beobachtete die „Gastarbeitergeneration" und entwickelte Unbehagen gegenüber einem Leben, das für ihn in vielerlei Hinsicht falsch eingerichtet zu sein schien: „Ich konnte es nicht glauben. Ich bin extra mit meinen Eltern zu den Nachbarn, zu denen ich nie gehen wollte, und habe geguckt, ob sie dieselben Möbel hatten. Sie hatten den beschissenen selben Schrank und den beschissenen selben Teppich. Die, die sich davon lösen konnten, haben erstmal begriffen, was Leben bedeutet", sagt Neco Çelik. Sie seien nur mit ihrem Leben beschäftigt gewesen: „Arbeiten und arbeiten und diese Hoffnung hegen, wir werden zurückkehren und dann unser wahres Leben leben. Bullshit! Man war sozusagen in einem sozialen Gefängnis, so eine Herde von Schafen, die bloß nicht ausscheren durften, um etwas zu verändern." Er brach die Schule ab und wurde Mitglied in der berüchtigten Straßengang *36 Boys*, deren Anführer er auch war. „Das hatte etwas mit Haltung zu tun, mit Intelligenz – und mit einem Talent zur Schauspielerei. 90 Prozent hier auf dem Kiez sind Schauspielerei, Effekthascherei und MTV." Sie seien damals Jugendliche gewesen, die mit sich nichts anfangen konnten und jede Menge Energie hatten. „Wir lungerten an den Ecken herum und waren der Meinung, dass wir besser sind als die anderen, die ebenfalls an den Ecken rumlungerten. Wir haben uns als intellektuelle Kriminelle gesehen. Es gab unter uns auch Gedichteschreiber!"

Bald begann Neco Çelik durch Graffiti und Rap seine Wut in Kunst zu verwandeln. Er holte seinen Schulabschluss nach und machte im Jugendzentrum Naunyn Ritze eine Ausbildung zum Medienpädagogen. Das Filmhandwerk brachte er sich selber bei. Im Jahr 2003 drehte er seinen ersten Spielfilm *Urban Guerillas*, der die Wut und die Träume der „Ghetto-Kids" behandelt. Fast alle Schauspieler in diesem Film waren Laien, alte Freunde von der Straße. „Ich nehme sie mit auf meinen Weg", sagt Çelik.

Anfangs als Nischenphänomen in der Kulturlandschaft Deutschlands abgestempelt, ist daraus eine neue kulturelle Avantgarde entstanden. Trotzdem fällt es der Öffentlichkeit immer noch schwer, die richtigen Begrifflichkeiten dafür zu finden. Die versuchten Typologisierungen spielen immer noch mit Begriffen wie „Migrationsliteratur", „Migrantisches Theater" oder „Literatur der Fremde". Die Bezeichnung „deutsch" fehlt dabei oft.

Familie und Identität

Renan Demirkan ist ein bekanntes Gesicht. Vielen ist sie als Fernsehschauspielerin bekannt. Seit einigen

Jahren arbeitet sie hauptsächlich für das Theater und hat auch einige Bücher verfasst. „Septembertee oder das geliehen Leben" ist eines ihrer bewegendsten und emotionalsten Bücher, das von ihrer verstorbenen Mutter und von der ersten Einwanderergeneration handelt. Ihr Vater war ein gebildeter Mensch, ihre Mutter dagegen war eine einfache Frau. Trotz der zahlreichen Auseinandersetzungen in ihren jungen Jahren mit ihren Eltern, sieht sie im Rückblick den keineswegs konfliktfreien Verlauf ihrer Kindheit positiv. „Heute, als altes Kind gewissermaßen, bin ich dankbar für diese Reibungen. Sie haben mich näher ans Leben gebracht, und auch gelehrt, Lebensfragen zu stellen. Meine Eltern haben mich gelehrt zu überleben."

Demirkan will die absurden Klischees aufzeigen, die es über die Generation ihrer Eltern und die ersten Einwanderer gibt. Sie versucht so persönlich wie möglich, so literarisch wie möglich und so politisch wie nur möglich, die Geschichte der Migration zu beschreiben, mit all ihren Problemen, aber auch Errungenschaften. Das ganze Gerede von Identitätskrisen irritiert sie. Identität sei nicht nur ein Anspruch der Mehrheitsgesellschaft oder einer Migrantengruppe. ‚Krisen' der Identität seien ein notwendiges menschliches Prinzip der Anpassung und des Überlebens.

„Natürlich gibt es Unterschiede zwischen einer orientalischen Kultur und einer westeuropäischen Kultur. Und der größte Unterschied ist, dass wir hier eine Gesellschaft haben, und im Orient eine Gemeinschaft. Dass der Orient in einem ‚Wir' groß wird, und dass der Okzident in einem ‚Ich' groß wird. Da sind die Konflikte schon zwangsläufig vorprogrammiert. Vielleicht nicht so sehr für unsere Eltern, weil sie länger in dem ‚Wir' gelebt haben. Es war leichter, an dem ‚Wir' festzuhalten. Wir Kinder kriegen das ja nur kolportiert mit und müssen uns irgendwie mit einer Ich-Gesellschaft, dem sehr stark ausgeprägten Individualismus arrangieren. Das fällt nicht leicht." In jungen Jahren sah sie voller Bewunderung und Sehnsucht auf all die souveränen Ichs, fühlte sich in Sippenhaft und floh mit 18 in eine WG. „Aber ich landete im Auge des Orkans und wirbelte noch sehr lange Zeit wie ein Flusen im Wind durch sämtliche Identitätsfragen. Erst Jahrzehnte später habe ich begriffen, was da mit uns Kindern passiert. Viel schlimmer ist, was ich jetzt empfinde, denn ich habe es erst jetzt so richtig mit jeder Faser meines Seins begriffen, dass mein Glück, in diesem Land groß geworden zu sein, auf dem Unglück meiner Eltern fußt. Das ist so, als hätte man sein Traumhaus auf Treibsand gebaut."

Demirkan fasst heiße Eisen an und scheut sich nicht vor politisch brisanten Themen. Gerade wenn es um die viel besungene Integration geht, ist sie nicht zu halten: „Die Integration hat nie funktioniert, und sie wird auch nie funktionieren. Aber die Politik hält trotzdem daran fest. Der Begriff der Integration – es ist keine Erfindung von mir, sondern steht in jedem deutschen Duden – heißt sich Unterordnen unter das Ganze bei Aufgabe des Eigenen. Integration geht von der Ungleichheit des Gegenübers aus. Wie kann etwas, was von der Ungleichheit des Anderen ausgeht, und im Wortkern eine Deutungshierarchie, eine Deutungshoheit von Kultur manifestiert, wie kann so etwas von gleichrangiger Mitbürgerlichkeit reden, von gesellschaftlichem Miteinander? Das geht gar nicht! ‚Integration' suggeriert und behandelt diejenigen, die zu uns kommen, wie kulturlose Paria. Das sind sie aber nicht! Sie sind eigenständige Kulturwesen. ‚Integration' aber ignoriert das. Der Begriff, der Gedanke, die Politik der Integration ignoriert den, der kommt in seiner ursprünglichen kulturellen Identität. Integration hat nie funktioniert, weil es das falsche Instrument des Miteinanders ist. Es geht von der Ungleichheit des Gegenübers aus, und ist permanente Demütigung." Renan Demirkan hat das ‚Entweder oder' in der Frage der Zugehörigkeit nie akzeptiert.

Die doppelte Staatsbürgerschaft hat sie bekommen, indem sie 15 Jahre immer wieder Briefe geschrieben hat, bis 2002 der damalige Ministerpräsident von Nordrhein-Westfalen, Wolfgang Clement, entnervt veranlasste, dass Demirkan die doppelte Staatsbürgerschaft erhielt.

Religion war für Demirkan nie etwas Bedrohliches, es sei denn, sie wurde politisch instrumentalisiert. Für ihre Mutter, die eine religiöse Frau war, war die Religion ein kreativer Impulsgeber. Von ihrem Vater bekam sie Philosophie vermittelt, die Mutter dagegen war für die religiöse und spirituelle Erziehung verantwortlich. „Ich bin zwischen Kant und dem Koran groß geworden. Eine bessere Prägung kann ich mir nicht vorstellen, zwischen der ‚reinen Vernunft' und der ‚großen Liebe der Religion'", so Demirkan. Rituale sind für Demirkan besonders dann wichtig, wenn in der globalisierten Welt Bindungslosigkeit zur Hauptpropaganda werde. „Flexibel sein ums Verrecken, damit du ja immer abrufbar bist. Und schon ist die Kernschmelze des Humanismus in vollem Gange: Verlust von Solidarität, Loyalität, Fürsorge, Mitgefühl, Verantwortung, von Kontinuität und vor allem Respekt!"

Der notwendige Blick von außen

Ilija Trojanow sagt von sich, dass er in die Welt geworfen wurde. Er flüchtete 1971 gemeinsam mit seinen Eltern aus Bulgarien zunächst nach Deutschland und wuchs überwiegend in Kenia auf, wo er eine deutsche Schule besuchte. Erst viel später wurde ihm das Erbe seiner Heimat bewusst: „Nachdem ich nach Indien zog und ich mich viel in Arabien aufhielt, wurde mir klar, wie orientalisch Bulgarien ist. Aber auch, dass das Land ein großes Trauma hat, weil es seine orientalischen Eigenarten und Stärken negiert." Im nationalen Mythos Bulgariens spielte die Befreiung von der osmanischen Herrschaft eine zentrale Rolle. „Aber das ist kulturell völliger Blödsinn, denn der politische Prozess ging nicht Hand in Hand mit einer kulturellen Reinigung. Die bulgarische Kultur, die Bräuche und Mentalität sind geprägt von orientalischer Kultur. Um nur ein Beispiel zu nennen: Jeder Bulgare kennt die Geschichten von Nasreddin Hodscha. Das heißt, sufische Weisheiten sind Teil des Alltagsgebrauches in Bulgarien. Das ist ein Teil meiner Herkunft, die mich bewusst oder unbewusst prägte." Auch in Kenia erlebte Trojanow ein multikulturelles und multireligiöses Umfeld. Er sagt von sich, dass er aufgrund seiner Herkunft und Konditionierung an einer Art „kultureller Klaustrophobie" leide und Schwierigkeiten mit jeder Form kultureller Verengung habe. „Ich möchte immer wieder einen neuen Aufbruch und bin sehr davon überzeugt, dass kulturelle Identität etwas Selbstbestimmtes und Dynamisches ist. Vor allem ist es etwas sehr Intimes. Ich bin sehr allergisch gegenüber dem Versuch anderer Menschen oder Institutionen, jemandem die eigene kulturelle Identität vorschreiben zu wollen, beziehungsweise den Rahmen derselben einengen zu wollen."

Damit ähnelt er sehr der Hauptfigur seines Buches „Der Weltensammler", Sir Richard Francis Burton. In seinem Roman, der mit dem Preis der Leipziger Buchmesse gekrönt wurde, erzählt Trojanow die Geschichte des britischen Kolonialoffiziers Burton, der zu den letzten Europäern gehört, die eine vorurteilsfreie Begegnung mit dem Islam pflegten. „Man hat Differenz erkannt, anerkannt und auch benannt. Aber dies war keine Differenz, die in irgendeiner Weise eine Wertigkeit beinhaltete, sondern eine Differenz, aus der eine spannende Neugier geschöpft werden konnte – sie schien überwindbar." Trojanow ist während seiner Recherchen für sein Buch selber zum „Weltensammler" geworden und hat die verschiedenen Stationen Burtons erkundet, u.a. hat er längere Zeit in Indien gelebt und hat wie Burton die Hadsch, die Wallfahrt nach

Mekka, vollzogen. Überhaupt fasziniert Trojanow die Zeit, als Burton die islamische Welt erkundete: „Es gab zum Beispiel im 18. Jahrhundert eine Reihe von englischen Kolonialverwaltern, die ganze Provinzen verwalteten und dann indische Frauen geheiratet haben. Sie wurden Muslime und haben am Hof des Nabob mit ihrem Frauen eine islamische Großfamilie geführt, aber weiter in ihrer imperialen Position gearbeitet." Der Umgang der Europäer damit war für Trojanow erstaunlich: „Ich habe bei meinen ganzen Recherchen keine Beweise für Irritationen darüber in England entdecken können. Mitte des 19. Jahrhunderts veränderte sich die Angelegenheit aber. Es kamen die ersten Bücher heraus, die Rassismus als ideologisches Konzept verankerten. 1856, glaube ich, kommt von Knox „The Races of Man", was meiner Ansicht nach der erste Versuch ist, Rassismus als Grundkonzept zu definieren. Die gesamte zweite Hälfte des 19. Jahrhunderts gehörte dem Versuch, das Fremde, und damit auch den Islam und Muslime, ganz grob gesagt zu Untermenschen zu degradieren. Ich denke, dass Burton der letzte war, der noch nicht infiziert war und der letzte, der immer wieder ganz klar formulierte, dass die Wahrhaftigkeit kein Privileg einer bestimmten Kultur sei."

In Indien lernte Trojanow viele Muslime kennen und lebte einige Zeit sogar in einer Koranschule. Er brachte den Schülern dort Englisch bei, die ihm dann im Gegenzug ihre Auffassung des Islam erklärten. So kam es dann auch dazu, dass er gemeinsam mit einer Gruppe indischer Muslime nach Mekka pilgerte. Trojanow weist aber von sich, dass er zum Islam „konvertiert" sei. Dies sei nicht das richtige Wort. Immer werde er danach gefragt, aber niemand zeige Interesse daran, was ihn denn am Islam fasziniere. „Die Leute wollen mich kategorisieren, haben aber kein Interesse an meinen Erfahrungen."

Trojanows Faszination für den Islam hat sehr viel mit Indien und der Begegnung mit den sehr unterschiedlichen Muslimen Indiens zu tun. „Einer der ersten Momente des Aufhorchens waren Besuche bei den Dergahs – Orte, an denen Sufiheilige begraben sind. Das sind Orte, von denen wirklich eine Kraft ausgeht. Diese Orte haben eine außerordentliche soziale, kulturelle und religiöse Vielfalt." Er beschäftigte sich intensiver mit dem Sufismus, womit er einen sinnlichen und ästhetischen Zugang zum Islam fand. „Ich bin immer noch jedes Mal innerlich erschüttert, wenn ich einen guten Qawwali [indo-pakistanische Variante des islamischen Gesangs und Vermittlung spiritueller Inhalte] höre. Dichtung bedeutet mir sehr viel und ich spreche auch stark auf Kalligraphie an." Als er dann seinen Alltag in der Koranschule, in der junge Gelehrte ausgebildet wurden, verbrachte, entstand eine solche Nähe, dass er an den Gebeten teilnahm. „Ich bin jemand, der die Gebetsform des Islam sehr schätzt. Sie ist wirklich grandios. Jedes Mal, wenn ich aus dem Gebet herausgehe, fühle ich mich in jeder Hinsicht bereichert. Form ist für mich sehr wichtig und Rituale sind sehr wichtig. Diese Kombination von Form und Ritual ist etwas, was mich sehr angezogen hat." Aber er setzte sich mit den jungen Schülern kritisch auseinander, was auch für diese eine Herausforderung war: „Was ich bei ihnen gesehen habe, war die Obsession mit Gesetzen, beispielsweise wie lang die Hose sein muss. Ich habe ihnen immer gesagt: „Wenn ihr in der Frühe zum Morgengebet aufwacht und danach schlafen geht, dann ist das tausend Mal schlimmer als alle eure Gesetze." Obwohl wir uns gestritten haben, haben sie mir zugehört. Was sie nicht verstanden, war die Idee, die dahintersteckt. Es ist für mich Blasphemie, wenn man sich keine Mühe dabei gibt, die Idee hinter den Gesetzen zu verstehen, denn diese ist, dass man aufsteht und den Tag beginnt und nicht, dass man einen Wecker hat, kurz das Gebet verrichtet und dann wieder ins Bett geht. Die Idee ist natürlich, und das ist eine alte Weisheit noch vor dem Islam, dass man mit der Sonne aufsteht und den Tag beginnt. Wenn sie sich darüber keine Gedanken machen, und sie sind Gelehrte, dann stimmt etwas nicht." Überhaupt hat Trojanow manchmal das Gefühl, dass die Leute die zentralen Visionen des Islam und seiner gesellschaftlichen Transformation nicht ernst nehmen. Gerade in Mekka werde jeder soziale Grundsatz, der im Koran steht, missachtet. Zwar studierten etwa seine Freunde in der Koranschule acht Jahre lang den Islam und wussten über jeden Aspekt des Islam mehr als er, aber trotzdem waren sie erstaunt, wenn sie seine Position zu den Dingen hörten. „Der Blick von außen ist immer frisch und notwendig. Man ist nicht auf einer Autobahn, sondern kommt über die Hügel und hat Schleichwege genommen und sieht deswegen die Landschaft anders."

Die Auseinandersetzung um den „Kampf der Zivilisationen" ist für Trojanow eine Pseudodiskussion, die politisch instrumentalisiert wird und die sozialen Fragen überdecken soll. Die soziale Frage sei heute zentral, damit müssten sich auch die Muslime beschäftigen. „Die ganzen Aufbrüche haben vor allem eine soziale Basis: nämlich soziale Verelendung und Ungleichheit der Menschen. Eines der Dinge, die ganz offenkundig sind, ist, dass die Leute, die den Islam politisch instrumentalisieren, es bislang in keinem Land der Welt, wenn sie denn an die Macht kamen, geschafft haben, dessen sozialen Inhalt umzusetzen."

Politische Gruppen, die sich auf den Islam berufen, sieht Trojanow als gescheitert an. „Was Gleichheit oder soziale Gerechtigkeit betrifft, so gibt es ja Hadithe [Aussprüche Muhammads], die besagen, dass man den Arbeiter bezahlen muss, bevor der Schweiß auf seiner Stirn getrocknet ist. Die ganzen Arbeiter in den arabischen Ländern streiten über Monate um ihr Gehalt, was eh ein Hungergehalt ist. Es ist absurd, wenn jemand fünf Mal am Tag betet, aber seine Arbeiter nicht bezahlt."

Trojanow, der bevor er nach Wien zog in Bombay und Kapstadt lebte, glaubt, dass uns eine dramatische Zeit bevorsteht, in der wir eine Alternative zum entfesselten Kapitalismus finden müssen. „Die destruktiven Kräfte – auch was kulturelle Vielfalt betrifft – sind in Ländern wie Indien horrend. Für mich ist so etwas wie die Stärke des Wahhabismus Ausdruck dieser Globalisierung. Es ist eine Einheit oder ein Verständnis der Gegnerschaft, wie es im Kalten Krieg der Fall war. Man hat sich gebraucht und fast eine freundschaftliche Feindschaft gepflegt. So ähnlich ist es auch. In Pakistan, Indien und anderen Ländern werden teilweise sehr reiche „Biotope" zerstört, die man wahrscheinlich nicht wiederherstellen kann. Insofern sehe ich das sehr dramatisch. Man kann da nicht übertreiben. Es geht ja auch die Vielfalt bei Pflanzen, Tieren und Sprachen ein. Wir leben in einer Zeit, in der vor unseren Augen und in einem rasanten Tempo Vielfalt kaputtgeht. Wir leben ebenso in einer Zeit, in der kaum jemand dagegen aufbegehrt und vor allem kaum klare und wegweisende intellektuelle Positionen formuliert, was wahrscheinlich besonders bedrohlich ist. Wenn man sich Krisenzeiten in der Geschichte anschaut, dann waren sie meist gekoppelt an großes Potenzial für Rebellion und ein Netz an Widerstand, und natürlich auch an große Köpfe, die einen neuen Weg aufgezeigt haben."

In der islamischen Welt beobachtet Trojanow, dass der Wahhabismus einer besonders dümmlichen Form der Globalisierung Vorschub leistet, indem er einerseits den Islam verenge und andererseits auf der materiellen Schiene der amerikanischen Expansion stehe. „Diese Kombination ist fatal, weil sie die Möglichkeiten variierter Globalität verhindert." Der Islam werde als etwas vollkommen Homogenes dargestellt. Gerade auf der Hadsch werde aber jedem Pilger die enorme Vielfalt des Islam deutlich: „Wenn die Leute nach der Hadsch den Ihram [Pilgergewand aus zwei einfachen Tüchern] ablegen und ihre Nationalkleidung anlegen – von Nigeria bis Indonesien -, aber auch die unterschiedlichen Verhaltensweisen und Charaktere – von den zarten Indonesiern bis zu den lauten Saudis – deutlich werden, dann beinhaltet das eine grandiose Vielfalt. Schön ist es auch, dass es einen Rahmen gibt, in dem man sowohl gemeinsam als auch vielfältig sein kann."

Gothic-Muslima

Tradition und Moderne sind keine Widersprüche. Man spricht von „traditionellen Kulturen" und „modernen Kulturen". Traditionelle Kulturen gelten als von der Religion geprägt und starr und moderne Kulturen als areligiös bzw. säkular und dynamisch. Starr ist hier vor allem aber die Vorstellung von Moderne. Tradition bedeutet nichts anderes, als die Weitergabe von bewährtem Wissen einer Kultur von Generation zu Generation, was nicht damit gleichzusetzen ist, dass diese Traditionen nicht wandelbar wären. Kulturen könnten sich nicht halten, wenn sie und ihre Traditionen nicht in permanentem Wandel wären. Wo Traditionen sich nicht im Wandel befinden, da entstehen Konflikte.

Nun gibt es Dinge, die in der öffentlichen Wahrnehmung als traditionell-rückwärtsgewandt gedacht werden, dazu zählt vor allem das Kopftuch einer Muslima. Die Lebenswirklichkeit sieht anders aus:

Eine gute Bekannte von mir trägt seit ihrem 14. Lebensjahr das Kopftuch. Das Anlegen des Kopftuchs war für sie kein bewusster religiöser Akt – erst Recht kein politischer. Körperbewusstsein und körperbezogene Schamhaftigkeit gehörten zum selbstverständlichen Teil ihrer Erziehung. Auch das Bewusstsein, dass sie das Kopftuch irgendwann einmal anlegen würde. Weil alle Frauen in ihrer Familie es trugen, und sie auch nichts Schlechtes daran fand, rebellierte sie nicht dagegen. Im gleichen Alter hatte sie sämtliche auf dem Buchmarkt erhältliche Jugendliteratur aus der Kategorie „Grusel und Horror" gelesen und schnell als langweilig abgetan. Mit 14 wandte sie sich also Kafka, Dostojewski, aber auch Stephen King zu. In deutscher Sprache natürlich. Zur gleichen Zeit interessierte sie sich für Rock- und Heavy-Metal-Musik. Schon als Kind hatte sie mit ihrem Bruder Musikkassetten von den *Scorpions* und *Iron Maiden* gehört. Im zunehmenden Teenager-Alter wurde die Musikrichtung, die sie hörte, dunkler und härter. In ihrer CD-Sammlung standen Alben von *Type 0 Negative*, *Nine Inch Nails*, *My Dying Bride*, *Paradise Lost*, *Anathema* und auch einige Alben aus der Fraktion Kreisch-Gesänge mit Höllenklängen, genannt Black Metal.

In der gleichen Zeit beschäftigte sie sich mit Jean-Paul Sartre, aber auch mit der Lyrik von Expressionisten wie Georg Trakl und Gottfried Benn. Else Lasker-Schüler und Marie Luise Kaschnitz gehörten zu ihren Lieblings-Autorinnen. Melancholie und Intellektualität waren zwei Elemente in ihrem Denken und Fühlen. Die Begeisterung für bestimmte Schriftsteller und Musik teilte sie mit zwei areligiös bis atheistischen Freundinnen. Weder für diese noch für unsere Kopftuchträgerin waren das je Widersprüche. Unsere Kopftuchträgerin, nennen wir sie Esma, war sich dessen bewusst, dass die Texte ihrer Lieblingsbands stellenweise blasphemisch bis satanisch waren. Aber das störte sie nicht, denn sie hörte diese Musik nicht, weil sie ihre Gedanken in den Texten wiederfand. Sondern weil sie ihre Gefühle ausdrückte.

Eines Tages, Esma war etwa 17 Jahre alt, tauchte sie in der Schule – ein bürgerliches Gymnasium, in dem sie ein Schattendasein fristete – mit einem schwarzen Baumwollkopftuch auf. Das Tuch hatte sie von ihrer Freundin Sandra geschenkt bekommen. Esma beschreibt Sandra als „Wohlstands-Öko" aus der bürgerlichen Mitte. Auf dem Baumwolltuch prangte ein durchgehendes Totenschädel-Muster, wobei die Schädel durch ein Spinnennetz miteinander verbunden waren.

Die Lehrer waren schockiert. Esma spürte die verstohlenen Blicke, doch niemand traute sich so recht, die Schülerin darauf anzusprechen. Esma dachte zunächst, dass dies mit dem Desinteresse zusammenhing, das die Lehrer ihr seit der 5. Klasse entgegenbrachten. An dieses Desinteresse hatte sie sich gewöhnt. Sie hatte nichts anderes erwartet. Dass es nicht Desinteresse, sondern Irritation war, verstand sie erst, als ihre Biologie-Lehrerin sie mehrere Wochen nach ihrem ersten Erscheinen mit dem Totenschädel-Tuch darauf ansprach: „Was meinen denn deine Eltern dazu? Protestierst du damit gegen das Kopftuch?" Wie so oft wurde das Kopftuch als Symbol für irgendetwas verstanden. Ihre Eltern meinten gar nichts zu dem Totenkopf-Muster. Esmas Eltern waren sehr religiös. Aber Esmas Mutter schimpfte nur: „Kind, leg' dir endlich eine gepflegtere Erscheinung zu. Was sollen denn die Lehrer über deinen Gammel-Look denken?!"

Esmas Protest richtete sich nicht gegen das türkische Elternhaus oder das Kopftuch, sondern gegen das Milieu ihrer Mitschüler und ihre Lebensweise, also gegen das deutsche Bürgertum, das sie als spießig, verwöhnt, verlogen, arrogant und weltfremd empfand. Ihre Antwort an die Lehrerin war: „Meine Freunde tragen so ein Tuch am Hals, und ich trage es eben am Kopf!"

Die Irritation über Esma war nicht nur im bürgerlichen Milieu groß, aus dem auch ihre Lehrer und die Eltern ihrer Mitschüler entstammten. Als Gothic-Muslima stellte sie allein durch ihre Anwesenheit auch das elitäre Selbstbild der schwarzen Szene in Frage, etwa bei einem Besuch des ‚Art of Dark' am Kölner Rathenau-Platz: Esma hatte sich einige Zeit nicht in dieses enge, kleine Geschäft im Souterrain getraut: schwarze Samt- und Lederkleidung vom Mittelalter- bis zum Plastik-Grufti-Stil neben bunten Federboas und rosa Plüsch-Handschellen; an der Kasse Haarfarben und Haarteile in Neonfarben; in der Nähe der Tür so etwas wie ein Altar mit einem Menschenschädel; ein schwuler Verkäufer mit Glatze, Tattoos und Lederweste sichtlich irritiert über die kopftuchtragende Esma in schwarzer Samtjacke und ihren Satz „Das ist mein Lieblingssong". Im Hintergrund lief „Blood and Fire" von Type 0 Negative. Esma kaufte die Stiefel.

Im Nachhinein, sagt Esma, war die Beschäftigung mit der Gothic-Szene auch eine Form der Feldforschung. So wie die Orientalisten, die ihre Nase in die „islamische Kultur" stecken und entweder hobbymäßig oder professionell sich mit dieser ‚fremden Kultur und Religion des Islam' beschäftigen – dabei auch die Musik von Fairouz lieben und sich Möbel und Teppiche im orientalischen Stil zulegen. Man glaubt, ein bisschen Muslim zu sein, taucht ein, steigt irgendwann aber wieder aus.

Von ihren Exkursionen in die Welt der angeblich „Anderen" und „Toleranten" erzählt sie heute mit einem Schmunzeln. Das Kopftuch trägt sie immer noch und erlebt es als große Bereicherung, die Widersprüche in den Weltbildern verschiedener Milieus durch ihre bloße Präsenz als Kopftuch-Trägerin zu *ent-hüllen*.

Kopftuch!

Die Frage nach der Bedeutung des Kopftuches wird oft nur politisch beantwortet. Einige sagen, dass es eine öffentliche Machtdemonstration des Islam sei. Andere Assoziationen sind, dass eine Muslima ohne Kopftuch sagen will, dass ihr Islam privat sei, während eine Muslima mit Kopftuch ihren Islam in die Öffentlichkeit zerren will. Oft werden die einen als liberal und die anderen als konservativ etikettiert. Egal was die betroffenen Frauen sagen, jeder hat für sich die Wahrheit bereits gefunden.

Für die junge deutsche Muslima Ayse S. ist es mehr als nur ein Tuch: „Wenn ich ein Kopftuch sehe, sehe ich viel mehr: Facetten, Farben und Menschen. Ich übersehe es fast, wenn man so will. Was ich sehe ist, wie sie das Kopftuch gebunden hat, vielleicht auch warum und was für ein Mensch sie wohl ist. Genauso wie Haare nicht nur Haare sind und zig Variationen, Farben, Formen und Aussagen haben, gilt das auch für das Kopftuch. Am Stil des Kopftuchs kann ich viel ablesen – manchmal liege ich falsch, manchmal richtig. Die reiche Istanbuler Türkin aus einem kulturell-religiösen Haushalt trägt das knallbunt gemusterte Seidenkopftuch klein, hinten baumelt ein Kopftuchzipfel mit Louis Vuitton-Logo. Die syrisch-stämmige Akademikerin in Bochum trägt ein ein hellbraunes Wickelkopftuch, das auch die Brust bedeckt. Unauffällig und schlicht, aber selbstbewusst. Das Kopftuch hält der jüdischen New Yorkerin die kurzen Locken aus dem Gesicht, die lustig hin- und herspringen. Das Kopftuch ist also nur eine Kategorie. Ein Kopftuch an sich ist für mich absolut unaussagekräftig. Ich weiß nicht, ob die Trägerin religiös, trendy oder traditionell ist. Nicht einmal, ob sie muslimisch, jüdisch oder beispielsweise eine Vertreterin der black-conciousness-Bewegung ist. Deshalb sagt das Kopftuch für mich nichts aus. Es symbolisiert nichts. Das Gesamtbild macht es."

Ayse ist der Überzeugung, dass das Kopftuch zur Praxis der Religion gehöre: „So einfach und kompliziert ist das. Ich kann viel hineininterpretieren, die Bedeutung des Kopftuchs für mich mythologisieren oder simplifizieren. Ich bin mir aber meines Islamverständnisses in diesem Punkt sicher. Was jedoch Gottes Grund war, das Kopftuch zur Pflicht zu machen, kann ich höchstens erraten. Abseits dieser gedanklichen Rationalisierungsversuche gibt es aber die gefühlte Realität: Das Kopftuch ist mittlerweile ein Teil von mir und meiner Persönlichkeit. Es wechselt Farben und Formen, so wie ich mich wandle. Als Rockmusik liebende Jugendliche, sowie als politische Aktivistin oder neugierige Weltenbummlerin."

Junge muslimische Frauen, die in Europa mit ihrem Kopftuch für Irritationen sorgen, sehen in dem Stück Kopftuch weit mehr, als einige selbsternannte Kopftuchexperten vermuten. Sie tragen das Tuch nicht, weil sie einer Ideologie oder sonstigen Parteiung anhängen. Das Kopftuch wird für diese Frauen zum Ausdruck der Selbstbestimmung, es ist das Mittel einer Frau, die ihren Körper verhüllt, weil er ihr, nicht aber der Gesellschaft gehört. Die heutige Dominanz des Sexuellen in der Gesellschaft beschäftigt nicht nur Muslime. Gerade in Bezug auf die Sexualität von Jugendlichen, die Vernutzung von Frauen in der Werbung oder durch Massenprostitution können muslimische Frauen insofern durchaus gesellschaftlich mitreden. Die öffentliche Sexualität wird heute gerne als ein Sinnbild der Freiheit romantisiert, könnte aber auch Gegenstand einer inhaltlichen, dann tieferen politischen Debatte zwischen Frauen sein. Übrigens: Egal ob sie Musliminnen sind oder nicht.

Wie für Ayse S. ist auch für Seren Basogul das Kopftuch ein Ausdruck ihrer Verbundenheit mit Gott. Die 28-jährige Designerin aus Aachen trug aber nicht immer ein Kopftuch. Im Gegenteil, ihre Eltern hatten ihr große Freiheiten gelassen. Lange Zeit war das Kopftuch für sie kein Thema, sie trug sogar Miniröcke. Erst mit 21 entschied sie sich für das Kopftuch, nachdem sie sich stärker mit dem Islam befasst hatte. „Ich war auf einem sehr konservativen Gymnasium und wusste, dass das Kopftuch sehr negative Reaktionen auslösen würde. Also habe ich es gelassen und mir vorgenommen, es später anzulegen falls sich die Gelegenheit ergibt. Als ich die Zulassung zu meinem Studium hatte, war es soweit."

Da sie ein extrovertierter Typ ist, konnte sie die Hemmungen bei einigen Studenten, sie anzusprechen, dadurch lösen, dass sie auf die Leute zuging. Als Reaktion auf die ewigen Kopftuchdebatten der letzten Jahre hat Seren mit ihrer Arbeit „Cover/Discover" eine künstlerische Antwort geliefert. Sie war es leid, dass die Menschen sich oft der vorgefertigten Meinungen aus den Medien bedienten, statt sich selber ein Bild davon zu machen. Ihre Arbeit besteht aus Porträtserien von verschiedenen Personen, in denen ihr Erscheinungsbild sich stufenweise verändert. Zu sehen sind sechs Frauen, die in Deutschland leben, jedoch unterschiedlicher Herkunft sind. Jede Person wird mit verschiedenen Kopfbedeckungen innerhalb einer Serie gezeigt, wobei eine Vergrößerung der Bedeckungsfläche zu erkennen ist.

Auf diese Idee kam die junge Designerin, als sie Bilder aus Zeitschriften auf verschiedene Arten abdeckte, um zu schauen, unter welchen Bedingungen der Betrachtende beeinflusst wird, und vor allem ab wann die Wahrnehmung des Betrachtenden kippt. Für ihr Projekt suchte Seren sechs Freundinnen aus, die alle in ihrem Alltag kein Kopftuch tragen. „Das Prinzip der Fotos ist immer das gleiche: Von Bild zu Bild wird die bedeckte Fläche an Haut und Haaren größer. Wenn Betrachterinnen sich das angucken, gibt das sehr verschiedene Reaktionen. Bei jedem Bild öffnet sich eine Schublade: die Krebskranke, die Cabriofahrerin, die Arbeiterin, die Muslima. Interessant ist, dass für Muslime meist höchstens die beiden letzten Bilder muslimisch motiviert sind, bei anderen beginnt diese Wahrnehmung viel früher, meist sobald der Kopf bedeckt ist." (Missy Magazin)

Damit will Seren die Betrachter mit ihren Stereotypen konfrontieren. Sie ist der Ansicht, dass die Menschen selbst dafür verantwortlich sind, wie sie reagieren. „Wenn sich jemand als Ausdruck seiner Persönlichkeit auf eine bestimme Art kleidet, sollte man das erst mal akzeptieren. Ich trage das Kopftuch, aber ich bin nicht das Kopftuch. Unter dem Kopftuch habe ich einen Kopf, den ich benutze, und ich will nicht auf das Tuch reduziert werden."

Das Kopftuch ist für viele Muslime, die es bewusst tragen, auch eine Form von Mode und nicht nur ein religiöses Symbol. Für Seren Basogul ist das Kopftuch eine inszenierte Thematik: „Natürlich gibt es unter Kopftuchträgerinnen auch unterdrückte Frauen, aber die gibt es in der deutschen Gesellschaft genauso. Das Kopftuch als Indikator für Unterdrückung zu sehen, finde ich sehr weit hergeholt. Gerade wenn man die Frauen anguckt, die in dieser Gesellschaft das Kopftuch tragen, sind das in der Regel eher selbstbewusste Menschen. Das erfordert ja sehr viel Mut und Standfestigkeit."

2.
Wer spricht bisher über die Muslime?

Die Sarrazinfalle

Eins muss man Thilo Sarrazin lassen: Er hat wenigstens etwas Bewegung in die eingeschlafene und langweilige Integrationsdebatte gebracht. Ob nun von ihm beabsichtigt oder nicht, wird heute kontroverser denn je über dieses Thema diskutiert. Natürlich war es für einige Akteure eine gute Gelegenheit, sich mit ihrer Kritik an Sarrazin moralisch zu erhöhen. Frei nach dem Motto: Sarrazin ist böse, also bin ich gut. Im Grunde genommen hatten diese selbsternannten Verteidiger von Multikulti auf einen Prügelknaben gewartet, um in den Fokus der Medien kommen, um sich selbst zu profilieren. Die zum großen Teil nachvollziehbaren Reaktionen waren leider fast ausschließlich emotionaler und reflexhafter Natur. Mit einer kritischen, inhaltlichen Auseinandersetzung mit dem Buch hatte dies oft nicht viel zu tun. Immer wieder tauchte der Vorwurf auf, Sarrazin sei ein Rassist. Ich denke, da machen es sich die Damen und Herren zu einfach. Sarrazin als Rassisten zu bezeichnen ist schlechthin eine Verharmlosung des Rassismus. Beschämend ist es darüber hinaus, dass diese Beschimpfungen gerade von denjenigen stammen, die das Buch gar nicht gelesen haben. Nein, ich nehme Sarrazin nicht in Schutz, ich finde die Art und Weise gefährlich, wie mit jemandem umgegangen wird, der eine seltsame Position vertritt. Auch ich bin mit vielen Dingen, die er im Laufe der Medienhysterie von sich gegeben hat, nicht einverstanden.

Das, was Sarrazin und Konsorten nicht wahrhaben wollen, ist ein unvermeidlicher Prozess. Jede Gesellschaft ist ständig im Wandel. In den letzten 50 Jahren hat sich die deutsche Gesellschaft nicht nur aufgrund der Gastarbeiter, sondern auch aus anderen Gründen stark verändert. Man mag das nun gut finden oder nicht. Seit Jahren wird – auch schon vor Sarrazin – immer wieder über die angeblichen oder tatsächlichen Identitätskonflikte der Nachfahren der ersten Gastarbeitergeneration gesprochen. Die Sarrazin-Debatte macht einmal mehr deutlich, dass auch viele „deutsche" Deutsche aus einem Identitätskonflikt heraus agieren. Ja, wir in Deutschland haben ein Integrationsproblem. Dieses Problem besteht aber auch mit denjenigen Parallelgesellschaften, in denen Sarrazin und Konsorten verkehren. Solange die erste Gastarbeitergeneration brav ihre Arbeit gemacht hat und in der Öffentlichkeit nicht weiter aufgefallen ist, war alles in Ordnung. Als die nachfolgenden Generationen, hier geboren und aufgewachsen, Deutschland als ihre Heimat betrachtete, wurde das Klima rauer. Viele von ihnen bewegen sich selbstbewusst und sichtbar immer mehr in die Mitte der Gesellschaft. Aufgrund dieses neuen Selbstbewusstseins entsteht in einigen anderen Teilen der Bevölkerung Unsicherheit. Man ist sich seiner eigenen „deutschen" Identität nicht mehr sicher, Deutschland scheint sich abzuschaffen. Sarrazin spricht diesen Menschen aus der Seele. Doch besser eine wirkliche Debatte als kuscheliges Multikulti-Gerede. Also los:

Vertreter einer unbarmherzigen Bürgerlichkeit

Sarrazin versteht sich als ein Vertreter einer neuen Bürgerlichkeit der Eigenverantwortung, der Leistungsbewussten. Die Vertreter dieser neuen Bürgerlichkeit finden es verantwortungslos, Arbeitslosengeld oder Sozialhilfe zu beziehen, auf Kosten anderer zu leben. Denn wer will, der angeblich kann. Sie sehen nicht, dass der Markt für viele gar keine Vollbeschäftigung mehr ermöglicht mit gerechten Löhnen entsprechend der geleisteten Arbeit. Sie halten jeden, der „freigesetzt" wurde oder nicht bereit ist, sich zu Billigstlöhnen zu verkaufen, für einen Faulpelz und Sozialschädling, eben für einen Schmarotzer. Außerdem kränkt jeder Hartz IV-Empfänger solche Leute ästhetisch. Er verschmutzt den öffentlichen Raum durch seine bloße Anwesenheit.

Deswegen wird ja schon längst gefordert Hartz IV zu kürzen, wenn dessen Empfänger rauchen und Bier oder billigen Rotwein trinken. Denn Unbeschäftige sitzen auf Parkbänken, rauchen, trinken Bier oder knabbern am Döner. Sie pissen gegen Bäume oder sind zu laut beim Tischtennisspiel und erschrecken damit die Kinder der Besserverdienenden. Deren Mütter werfen schmutzige Windeln ins Gebüsch und halten ihre Kleinkinder zum Scheißen und Pissen über die Büsche. Und selbstverständlich gehen auch die Besserverdienenden in den Park zum Picknick und hinterlassen gerne den Abfall anderen. Sie mögen das Prekariat nicht, verhalten sich oft aber gar nicht grundsätzlich anders.

Zum Prekariat gehören viele, die schon seit Generationen Deutsche sind, dazu gehören die vier Millionen Analphabeten oder die Schüler ohne Abschluss. Diese Missstände haben nichts mit der Religion zu tun. Die ausgesiedelten Russlanddeutschen, von denen viele ins Prekariat abgedrängt wurden, sind Christen, orientierungslos, aber keine Muslime. Der Islam ist nur ein Vorwand. Sarrazin und seine Anhänger halten ja jede Religion für Aberglauben und Aberglauben für schädlich in einer aufgeklärten Gesellschaft. Das religiöse Etikett soll davon ablenken, dass es um eine soziale und politische Angelegenheit geht, um eine kulturelle sofern es die Bildung und Ausbildung anbelangt.

Darin liegt unter anderem die polemische und törichte Verengung Sarrazins. Das Problem sind die Arbeitslosen, die Bildungsfernen, die alt gewordenen Hoffnungslosen, die aus der Gesellschaft Ausgegliederten, für die die sogenannten neuen Bürgerlichen nicht weiter zahlen wollen. Das eigentliche Problem ist eines der sozialen Verantwortungslosigkeit und egoistischen Verwilderung der Besserverdienenden. Früher ließ sich die bürgerliche Mitte durchaus vom christlichen Gebot lenken, dem Nächsten zu helfen. Dafür gab es einmal die katholische Soziallehre. Der Rückzug der Kirche ins Private und ihre weitgehende öffentliche Sprachlosigkeit lässt eine Lücke, die umgekehrt veranschaulicht, wie sehr sozialpolitische Forderungen durch religiöse erfolgreich ergänzt werden könnten.

Völlig absurd ist es, wenn Sarrazin nicht erkennen will, wie viele ehemalige Türken – obschon Muslime – in der deutschen Mittelschicht angekommen sind. Hier gibt es durchaus Parallelen zum Antisemitismusstreit nach 1876. Damals hieß es, die Ostjuden, die Einwanderer, ließen sich nicht integrieren oder assimilieren. Auch damals wurde ein rein soziales Problem zum religiösen umfunktioniert, zur Judenfrage in einer christlichen Gesellschaft, die es so schon gar nicht mehr gab. Alle, auch diejenigen, die sich auf die Seite der deutschen Juden stellten, waren sich darin einig, diese müssten Deutsche werden, was hieß, ihre Religion aufgeben.

Das will Sarrazin so nicht sagen und überhaupt kein deutscher Politiker oder Gesellschaftwissenschaftler. Schwer zu sagen, wie fromm oder nur religiös die Muslime sind. Eines ist aber sicher und von Religionssoziologen belegt: Der Verlust des Glaubens beschleunigt gerade in den ohnehin bedrängten Unterschichten das Abdriften ins Asoziale. In diesem Sinn kann jede Religion, weil sie Halt gewährt, tatsächlich sozial sehr vorteilhaft wirken.

Es geht im Grunde darum, die Kraft der Religion wieder zu erkennen und anzuerkennen, wie sehr sie gerade in säkularistischen Zeiten und unter sich laufend verändernden Verhältnissen gebraucht wird. Nicht der Islam oder terroristische Islamisten gefährden uns, das tun unkontrolliert spielende Finanziers, Wettbewerbsideologen, auf ihren Vorteil bedachte Gewinnsüchtige, die jedenfalls auf ihre abenteuerliche Rendite spekulieren und das Gemeinwohl für eine romantische Idee halten.

Untergang des Abendlandes?

Thilo Sarrazin schürt mit seinem Buch und seinen Äußerungen in der Öffentlichkeit die Angst vor dem Untergang des Abendlandes. Er sieht in bildungsfernen Schichten eine Bedrohung unseres Gemeinwesens. Sein biopolitisches Bedrohungsszenario ist einfach gestrickt und deswegen wohl auch so beliebt: Diese bildungsferne Unterschicht werde eines Tage aufmucken und das Land übernehmen. Eine „naive Migrationspolitik" habe Deutschland in diese Lage gebracht, meint Sarrazin. Die europäischen Nationalstaaten, so könnte man es zusammenfassen, haben demnach die alte romantische Identität von Territorium und Rasse verloren. Als Sündenbock wird diesmal statt des „Ausländers" der „Muslim" auserkoren. Der Volkszorn zielt auf die Muslime statt auf die Finanzjongleure und ihre Parallelgesellschaften, die für die eigentlich brennenden Probleme unserer Zeit verantwortlich sind.

Sarrazins Erfolg zeigt aber immerhin an, dass zahlreiche Menschen in Deutschland sich um ihre Zukunft ängstigen. Es könnte eine Chance sein, wenn bestimmte Vorbehalte und Ängste in der Bevölkerung angesprochen werden. Das ist deutlich weniger schlimm, als diese unter den Teppich zu kehren. Und

Sarrazin mag ein Brandstifter sein, ein Rassist oder Rechtsradikaler ist das langjährige SPD-Mitglied nicht. Das würde eine Verharmlosung der Rassisten bei der NPD und anderswo bedeuten. In seiner öffentlichen Buchpräsentation in Potsdam bemerkte denn auch Sarrazin selbst verwundert, dass die Hunderte Seiten, auf denen er die Deutschen kritisiert habe, kaum polarisierten, seine Passagen über die Integration aber inzwischen eine heftige Kulturdebatte ausgelöst hätten. Man hätte sich gerade von der Heerschar der Berufsmigranten, die sich in der Öffentlichkeit als Anti-Sarrazine erfolgreich in Szene gesetzt haben, erwarten dürfen, dass sie – trotz der waghalsigen Aussagen, die sich Sarrazin erlaubt hat – etwas besonnener und sachlicher argumentieren. Bevor man sich mit dem eigentlichen Buch beschäftigt, sollten diese engagierten Verteidiger des armen ‚Türken', der nicht in der Lage ist, sich selbst zu verteidigen, also einmal tief durchatmen. Man wird deutlich weniger Probleme mit den Unterstellungen und den Binsenweisheiten des Buches (wer ist denn schon für Ali, den Schläger?) haben, wenn man sich kurz, sozusagen vor dem Einstieg in die Debatte, klarmacht, was der Islam eigentlich ist. Auf beiden Seiten – sowohl in der Pro- als auch in der Anti-Sarrazin-Partei – kursieren dazu sehr diffuse Vorstellungen.

Kritik der Islamkritik

Eine Vielzahl von Islamkritikern bestimmt seit einigen Jahren die öffentliche Debatte um den Islam. Daher sind die Muslime in Deutschland automatisch mit der Frage konfrontiert, wie sie mit dieser Kritik umgehen sollen. Einige Muslime flüchten sich in eine Opferhaltung und wehren jegliche Kritik ab. Das zeugt von Unsicherheit. In der Geschichte des Islam gab es zu jeder Zeit Querdenker, die nicht zuletzt mit dem Mittel der Provokation versuchten, fest eingefahrene Denkmuster aufzubrechen.

Muslime sollten in diesem Sinne zwischen einer populistischen und teils rassistisch motivierten Islamkritik und einer intelligenten und herausfordernden Islamkritik differenzieren. Viele Muslime sehen mit großer Sorge, dass extreme Positionen gegen Minderheiten wieder salonfähig werden. Muslime werden dabei immer häufiger als Projektionsfläche für Ressentiments benutzt. Es besteht die ernsthafte Gefahr, dass dieser neue Populismus die Politikverdrossenen massenhaft mobilisiert und somit die Demokratie gefährdet. Die neuen Demagogen in Europa wie Marie Le Pen oder Geert Wilders verdeutlichen das Aggressionspotenzial. Sie predigen den kulturellen und biologischen Zerfall Europas, und sehen in den Muslimen die Übeltäter, die es aufzuhalten gilt. Gewollt oder ungewollt werden die Ideen dieser Demagogen von den Massenmedien transportiert. Vieles, was früher durch die Medien boykottiert wurde, scheint heute unter dem Deckmantel der „Islamkritik" verbreitbar. Mit lautem Getöse wird der Kulturkampf beschworen. Aber je mehr über eine angebliche Leitkultur gesprochen und debattiert wird, umso mehr hat man das Gefühl, dass davon außerhalb der Museen nicht viel übrig geblieben ist. Fast scheint es, als versuchten manche sich selbst einzureden Kultur zu haben, indem die Anderen – hier die Muslime – als ‚kulturlos' abgetan werden.

Insbesondere Wilders verkörpert eine neue Form des Rassismus, der im Islam eine Ideologie sieht und ihn als neuen Faschismus darstellt. In Deutschland füllt momentan Sarrazin eine Lücke. Mit seinem Buch wurde eine Debatte über die kulturelle und politische Identität des Landes entfacht. Soziale und ökonomische Probleme werden systematisch mit der Frage nach dem Islam verknüpft und so die Ängste in der Bevölkerung geschürt. Viele der verstaubten muslimischen Organisationen nehmen dies leider zu wenig zur Kenntnis. Gerade jetzt dürften sie sich nicht in ihre Vereinsräume zurückziehen, die einer Enklave ähneln. Passivität ist das falsche Rezept. Die jungen

Muslime, die der deutschen Sprache mächtig sind, die kulturell in dieses Land gehören, müssen auf gesellschaftlicher Ebene agieren, sich auch mit Kritik intellektuell auseinandersetzen und sich den Ängsten in Teilen der Bevölkerung stellen. Die Mitte der Gesellschaft ist ihr Terrain und eben nicht nach Ethnien und Herkunftsländern getrennte muffige Moscheen, wo sie intellektuell oft nicht herausgefordert werden.

Bisher waren es die Muslime, die sich inhaltlich zum Islamismus positionieren und von jeglicher Gewaltanwendung distanzieren mussten. Das war nicht nur aus gesellschaftlicher Sicht, sondern auch aus muslimischem Selbstverständnis ein wichtiger Punkt. Inzwischen, nach dem Attentat von Anders Breivik, stehen auch die sogenannten Islamkritiker unter Rechtfertigungsdruck, ist deutlich geworden, dass auch Islamkritiker der Gefahr ausgesetzt sind, dass Radikale und Millitante die eigene Haltung entern und missbrauchen. Wie von Muslimen schon oft verlangt, ist es jetzt auch fällig, dass sich die Protagonisten der Islamkritik der Gewaltfrage stellen müssen.

Es ist bezeichnend, dass kein Muslim sondern der Feuilletonchef der Frankfurter Allgemeinen Zeitung, Patrick Bahners, mit seinem Buch „Die Panikmacher" eine fulminante Ideologiekritik der Islamkritik lieferte. Er entschädigt damit für einen großen Teil der deutschen Intelligenz, die sich bisher kaum kritisch zu der teilweise von Panik getriebenen Kritik am Islam und an den Muslimen zu Wort meldete. Mit der Islamkritik können für Bahners nicht nur sehr starke Emotionen mobilisiert werden, sondern die Beliebtheit der Islamkritik scheint auch mit einem großen Misstrauen gegenüber dem politischen System und insbesondere gegenüber den Eliten zu tun zu haben: „Dann gibt es auch eine Vorstellung, dass es fast eine Verschwörung oder ein Zusammenwirken von Politikern und den Medien gibt. Manchmal werden auch Wirtschaftsspitzen dazu genommen, wenn es etwa um den Beitritt der Türkei in die EU geht, wo es ein ablehnendes Grundgefühl bei den Leuten gibt. Bei diesen Themen besteht der Verdacht, dass man übers Ohr gehauen wird."

Auch wenn man den Islamismus und den Terror als Sicherheitsgefährdung nicht unter den Teppich kehren dürfe und darüber diskutieren müsse, wie man den hier präsenten Islam dauerhaft in unser System des Religionsrechts einfügt, sieht Bahners trotzdem die Gründe für die große Intensität, mit der diese Themen aufgenommen werden, nicht im Islam: „Ich meine, dass das Misstrauen gegenüber Eliten, wie wir das etwa aus Amerika als ein Grundmoment der Politik dort kennen, Leidenschaft mobilisieren kann mit der Parole ‚Ihr werdet übers Ohr gehauen!' Das scheint mir aber sehr stark, wenn man sich etwa die Sarrazin-Diskussion ansieht." Im Falle Sarrazin sei es für viele Leute leicht gewesen, sich für ihn zu engagieren und sich zu ihm zu bekennen, indem oft gesagt wurde: ‚Ich teile die Thesen nicht unbedingt, aber wie dem Mann mitgespielt wurde seitens der Spitzenpolitiker und der Bundesregierung, ist nicht in Ordnung.'

Bahners plädiert auch für mehr Differenzierung beim Blick auf die Islamkritiker. Eine einheitliche Gesinnung könne er nicht sehen. Bei den Autoren gebe es vielmehr verschiedene ideologische Motive und auch zum Teil persönliche Beweggründe, die man gar nicht auf einen Nenner bringen könne. „Was mir wichtig scheint, ist, dass die größere Öffentlichkeit manchmal die Intensität dieser jeweiligen Beweggründe eben unterschätzt [...] Es gibt starke ideologische Interessen. Ein sehr gutes Beispiel dafür ist die linke Fraktion von Marxisten und radikalen Säkularisten, die sich auch immer schon gegen das Christentum in Deutschland gewandt haben. Das sind ja auch sehr diskutierenswerte Argumente, aber das sind auch im emotionalem Sinne starke Argumente eines im

Grunde geschlossenen religionskritischen Milieus." Dazu gehöre jemand wie Hartmut Krauss mit dem von ihm herausgegebenen Buch „Feindbild Islamkritik". Auch da seien die Figuren und Formeln allgemeiner Natur und formulierten eine allgemeine Kritik am Islam, die im Prinzip sehr diskutierenswert sei, nur wenn man dann erklären wolle, warum die Leute mit einer solchen Leidenschaft Vortrag über Vortrag halten, Buch über Buch schreiben, so hätten sie eben ihre eigene Agenda, die man auch in einem ganz neutralen Sinne als Ideologie bezeichnen könne. Genauso gäbe es auch einen rechten Flügel der Islamkritik, der mit einem eher altmodischen deutschen Nationalismus ausgestattet und auf eine eher starke, wehrhafte Integrität des deutschen Staates aus sei.

Paranoider Stil

Bahners sieht Parallelen zur Kommunistenhetze unter US-Senator Joseph McCarthy und zum Antikatholizismus des 19. Jahrhunderts. Ähnlich wie in den Vereinigten Staaten der 1950er-Jahre unter dem Eindruck der McCarthy-Verschwörungstheorie, der kommunistische Agent, den es wirklich gegeben hatte, mit Linksliberalen gleichgesetzt wurde, werden auch heute mit einem ähnlich paranoiden Stil Ressentiments gegen Muslime geschürt. Bahners verweist dabei auf den Historiker Richard Hofstadter: „Er geht in der amerikanischen Geschichte zurück, und beschreibt auch andere Phänomene aus der Kulturgeschichte, wo auch schon eine Religion eine solche Art von Verdacht auf sich gezogen hat. Im amerikanischen Kontext ist das klassische Beispiel der Antikatholizismus im Vergleich zu dem hier in Deutschland heiklen Antisemitismus. Da würde ich auch sagen: Man muss sich da gar nicht auf den Antisemitismus als Beispiel fixieren, weil eben auch der Antikatholizismus ebenfalls durch diese Struktur des Verdachts ausgeprägt war." Auch damals habe man mit dem Katholizismus eine global agierende Religion gehabt, und auch damals seien die hauptberuflichen Antikatholiken von der Geschlossenheit dieser Religion überzeugt gewesen: „Dem einfachen, volksfrommen irischen Katholiken, der einfach nur sehr fromm ist und regelmäßig in die Messe geht, wird unterstellt, er möchte ja eigentlich genauso dogmatisch, hier die ganze amerikanische Welt oder im deutschen Kulturkampf im 19. Jahrhundert die ganze liberale deutsche Welt umkrempeln. Beim deutschen Kulturkampf sagt man im Rückblick, dass sehr viel an diesen Verdächtigungen der einfachen katholischen Gläubigen übertrieben war. Das war wirklich paranoid, sie als innere Feinde zu betrachten. Aber immerhin war es ja damals der Papst, der selber gesagt hat, wir dulden das zwar, aber eigentlich wollen wir die Religionsfreiheit abschaffen. Da muss man dann zumindest in Deutschland bei aller Kritik an den muslimischen Verbänden sagen, dass es so etwas nicht gibt."

Auch wenn viele Muslime sich besonders über Henryk M. Broder aufregen, muss man sagen, dass er im Unterschied zu anderen Islamkritikern mit offenem Visier agiert. Es gibt Akteure, die aus einer Art Halböffentlichkeit heraus handeln, wie etwa den – ironischerweise – Leiter für „interkulturellen Dialog" bei der Friedrich-Ebert-Stiftung, Johannes Kandel. Bahners: „Dass er nicht so eine öffentliche Figur ist, wie Broder, liegt auch in der Natur seiner Tätigkeit. Er veröffentlicht ja auch Artikel, er ist jetzt keine graue Eminenz in dem Sinne, dass er sich jetzt absichtlich im Hintergrund hält, um irgendwelche Intrigen zu spinnen. Überhaupt nicht. Aber ich glaube schon, dass man einfach darauf hinweisen kann, dass Leute an bestimmten Stellen über eine Position verfügen – das gilt ja für mich als einen Redakteur in einer großen Zeitung auch – und damit über einen Einfluss eigener Art."

Wichtig ist aus muslimischer Sicht, nicht jegliche Form von Kritik mit einem Opportunismusvorwurf abzubügeln. Necla Kelek etwa verteidigt Bahners ein Stück: „Es wäre mir zu billig, ihr einfach nur vorzuwerfen, das sei purer Opportunismus. Frau Kelek ist ja auch Autorin bei uns im Feuilleton der FAZ, und wenn ich jetzt Anhaltspunkte hätte, dass es nur ein zynisches Kalkül wäre, dann würde ich auch nicht Texte von ihr annehmen." Natürlich verkaufe sie ihre Bücher, aber sie mache auf ihn auch den Eindruck, dass sie von ihrer Sache überzeugt sei. „Deswegen ist es eher für mich eine Konversionsbiografie als eine Geschichte des Opportunismus. Da waren auch die Migrationsforscher, die sich einmal in einer Petition gegen sie formiert hatten. Sie haben es sich – so glaube ich – auch zu leicht mit diesem Opportunismusvorwurf gemacht." Bahners macht es sich nicht so einfach, sondern trägt in seinem Buch verschiedene Stellen aus Keleks Büchern zusammen, um zu belegen, aus welchen biografischen Erfahrungen heraus sie bestimmte Positionen vertritt. „Sie hat mir nun vorgeworfen, dass ich sie verletzen würde und mich mit ihr nicht auf der Sachebene auseinandersetzen würde." Für Bahners bleibt es rätselhaft, welche Wandlung Kelek von ihrer Dissertation zu ihren späteren Büchern vollzogen hat. In ihrer Dissertation war der Islam noch kein Integrationshindernis, anders als in ihren Büchern. „Da möchte ich ihr umgekehrt sagen, dass ich da wirklich frappiert bin, denn für mich ist es eben rätselhaft, wie man so eine interessante und intelligente Dissertation zu diesem Thema schreiben kann, und so genau und unfanatisch diese Mechanismen der Öffentlichkeit, diese Verbreitung von Klischees analysieren kann. Drei Jahre später beteiligt man sich dann selber an der Verbreitung der Klischees. Ich möchte da nicht sagen, sie hat dann gemerkt, dass sie ihre Bücher besser verkaufen kann. Das ist mir einfach zu banal. Da muss etwas anderes passiert sein, aber nicht im Sinne einer Traumatisierung oder so." Bei allem Respekt habe sie eben nicht so eine schreckliche Kindheit gehabt wie Ayaan Hirsi Ali. „Sie hat eine unglückliche Kindheit gehabt. Ihr Vater ist dann in die Türkei zurückgegangen, da er es hier nicht mehr ausgehalten hat. Sie nimmt ihre Biografie und macht es zu einem Muster für das, was Einwanderer hier erlebt haben. Und an diesem Punkt erlaube ich es mir zu fragen, wie eine so intelligente Wissenschaftlerin dann den Schalter so plötzlich umgelegt hat. Ich habe das Wort von der intellektuellen Regression gebraucht, wobei ich da von der Autorin spreche. Also es ist keine Aussage über die Person Necla Kelek. Das maße ich mir selbstverständlich nicht an. Das ist eine Aussage, die ich als Journalist, als Kritiker und als jemand, der sich beruflich mit Büchern beschäftigt, treffe." Zwischen der Doktorarbeit und den populären Büchern von Kelek gibt es aus meiner Sicht in der Tat einen Niveauwechsel, und zwar ist es ein krasser Abfall des Niveaus. Bahners: „Das muss ich erklären, aber nicht in dem Sinne, dass etwas über sie gekommen ist, oder dass sie dümmer geworden wäre. Aber da ist anscheinend ein anderes Interesse als das wissenschaftliche Interesse der Doktorarbeit bei ihr durchgebrochen. An diesem Punkt habe ich mir das Spekulative erlaubt, und eine Psychologin zitiert, die in einem vorsichtig aber auch genau argumentierenden Aufsatz die Vermutung geäußert hat, dass diese Geschichte mit dem Vater als Muster der Erfahrungsbewältigung im Hintergrund steht." Bahners verteidigt seine biografische Erklärung, denn schließlich sei es Kelek ja, die diese psychologische Lesart des Islam anbietet und es zur Hauptlinie ihrer pathologischen Deutung macht: „Wenn ich dann die – ich betone – Autorenbiographie mit diesem psychologisch-pathologischen Muster lese, dann übernehme ich nur das, was sie selber ja gegenüber einer Milliarde von Muslimen, die die Welt nicht so sehen wie sie, auch als pathologisches Muster anbietet, weil sie eben sagt: Islam heißt Unterwerfung. Islam heißt, man kann nicht aufrecht gehen und unterwirft sich dem Übervater. Da ist es nicht abwegig und übergriffig, die Frage umzukehren und zu sagen: Könnte es bei Ihnen auch nicht so sein, dass eben Ihre konkrete Geschichte mit Ihrem Vater das beeinflusst, was Sie allen anderen Muslimen als verkorkste Psychogeschichte vorhalten?"

Necla Kelek will das islamische Leben erkunden, aber bei der Lektüre ihres aktuellen Buches „Himmelsreise: Mein Streit mit den Wächtern des Islam" fällt es mir schwer zu glauben, dass sie auch nur eine Moschee von innen gesehen hat. Geschweige, dass sie mit gläubigen Muslimen auf Augenhöhe gesprochen hat. Zunächst betont sie, dass die große Mehrheit der Muslime in Deutschland integriert sei, und schlägt sich auf die Seite der „schweigenden Mehrheit". Den Verbänden und Moschee-Vereinen, in denen die Muslime organisiert sind, erklärt sie den Krieg. Der Grund: Sie betreiben eine „Abgrenzung von den Ungläubigen" und wollten insgeheim die Scharia einführen. Das zeugt entweder von grober Unkenntnis der Lebenswirklichkeit der in Deutschland lebenden Muslime, oder aber Kelek versucht bewusst, ein falsches Bild von der Lage zu vermitteln.

Wer eine Brückenfunktion zwischen den traditionellen Glaubensgrundlagen und der westlichen Gesellschaft einnehmen will, wird von Kelek mit dem Begriff „Takiyya" gebrandmarkt. Das bedeutet: Verheimlichung der wahren Absichten (aus taktischen Gründen). Damit versucht die „Meisterin der unbelegten Behauptung" (Hilal Sezgin), alle engagierten Muslime per se als Islamisten abzustempeln.

Für Kelek ist der Islam in Deutschland „eine Religion der Migranten". Fakt ist aber, dass eine wachsende Zahl von Muslimen hier geboren und aufgewachsen ist. Die meisten dieser jungen Muslime, der Neo-Moslems, haben einen deutschen Pass, sind nicht selten Akademiker und engagieren sich in der deutschen Gesellschaft. Natürlich gibt es auch nicht zu verharmlosende Probleme. Aber diesen immer größer werdenden Teil der Muslime in Deutschland zu ignorieren und den Islam als eine bloße Religion der Migranten darzustellen, ist schlichtweg falsch.

Keleks Verständnis des Islam ähnelt dem einer extremistischen muslimischen Minderheit, der Salafisten. Wie diese versteht auch Kelek den Islam als Ausdruck einer singulären Kultur (dort der arabischen). Sie lässt keine Gelegenheit aus, antiislamische Klischees zu bedienen. Sex und Gewalt prägen nach ihr den Alltag der Muslime, ihren Glauben stellt sie als etwas Primitives dar. Die Person Mohammeds wird wie der Islam selbst dämonisiert; weil der die Kreuzigung Jesu ablehne, sei er auf „Blutopfer" angewiesen. Nach guter alter christlich-mittelalterlicher Tradition bezeichnet Kelek den Koran als „geistigen Diebstahl". Der Koran sei eine „Vereinnahmung des mythischen Materials von der Genesis über die Thora bis zum Neuen Testament." Ist damit etwa die von ihr intendierte „spirituelle Rehabilitierung" gemeint? Es klingt eher nach Missionierung. Keleks Buch lässt keinen anderen Schluss zu, als den, dass Muslime in unsere westlichen, säkularisierten Gesellschaften nicht integriert werden können. Anders gesagt, die Integration der Muslime kann nach Kelek nur gelingen, wenn sie aufhören Muslime zu sein. Schon am aggressiven Ton ist das Ressentiment zu erkennen. Dabei geht es nicht um eine berechtigte kritische Haltung gegen einige muslimische Funktionäre, die politische Absichten verfolgen.

In jüngster Zeit drängen Autoren und Autorinnen auf den Markt, die für sich in Anspruch nehmen, für die „schweigende Mehrheit" der Muslime zu sprechen und sich für einen „zeitgemäßen Islam" einzusetzen. Was zunächst begrüßenswert klingt, entpuppt sich schnell als Klischee-Sammlung. Gerade die Neo-Moslems sind den selbsternannten Fürsprechern ein Dorn im Auge, führen sie doch durch ihre bloße Existenz viele Behauptungen und Diffamierungen ad absurdum. Viele Muslime sehen in der Skandalisierung der normalen muslimischen Lebenspraxis eines der wichtigsten strategischen Ziele der radikalen Islamkritik. Kriminelles Verhalten von „Immigranten" wird dabei mit dem Islam assoziiert, unabhängig davon ob die Person nun gläubig ist oder nicht. Damit hat der rechte Flügel der Islamkritik auch erreicht, dass niemand über Ausländerfeindlichkeit spricht. Ein religiöser und praktizierender Muslim wird zum Sicherheitsproblem, während derjenige Muslim bevorzugt wird, der fortlaufend eigene Glaubensinhalte relativiert und sich kulturell unterordnet. Durch die wildesten Assoziationsketten werden gläubige Muslime aus dem Diskurs verbannt. Vorschub leistet dabei etwa der Gebrauch von Gummibegriffen wie „Islamist". Eine gesunde Debatte würde dagegen einen fairen Austausch der Argumente ermöglichen und vermeintliche Feinde in Freunde verwandeln. Die pauschale Denunziation und Diffamierung führt dagegen dazu, dass immer mehr Muslime sich in Anonymität und Schweigen flüchten.

Die Medien und die Muslime

Die ältere Generation der hier lebenden Muslime hat zwar am Rande die Debatte um Sarrazin mitbekommen, aber vielen aus dieser Generation ist die Tragweite der Stimmungsmache gegen die Muslime nicht so bewusst wie vielen jüngeren Muslimen, die täglich die Medienberichterstattung verfolgen. Dass die Bild-Zeitung populistischen Parolen eine Plattform bot, hat sie nicht verwundert. Was sie erschreckt hat, ist, dass als seriös geltende Medien ebenfalls mitgemischt haben. Das hat natürlich auch den Medienkonsum junger Muslime stark beeinflusst. Für bekennende Muslime wiederum ist es trotz guter Qualifikation sehr schwer, in den etablierten Medien unterzukommen, zumal, wenn sie auch nicht nur „muslimische" Themen behandeln wollen. Es sollte eine Selbstverständlichkeit sein, dass muslimische Journalisten über „normale" Themen berichten. Leider ist es aber häufig so, dass Muslime bei Tageszeitungen auf das Thema Islam reduziert werden. Wieso ist es immer noch für die Medien undenkbar, Muslime auch zu Themen zu befragen, die nicht in erster Linie im Zusammenhang mit dem Islam stehen? Mittlerweile gibt es Autoren und Journalisten, die sich selbst als „Berufsmuslime" bezeichnen. Es fehlt ihnen aber Authentizität. Die

Stimme der hier sozialisierten jungen Muslime hört und liest man dann eher in den alternativen Medien und in Blogs. Besonders junge muslimische Frauen betreiben Blogs mit sehr interessanten Inhalten und auch einem gewissen sprachlichen Niveau, die in dieser Debatte mehr Aufmerksamkeit verdient hätten, beispielsweise Kübra Gümüsays Blog ‚fremdwoerterbuch'. Die festgefahrenen Bilder in der Islamdebatte könnten so vielleicht korrigiert werden.

Auch aus nichtmuslimischer Perspektive wird die Medienberichterstattung der letzten Jahre sehr kritisch betrachtet. Eine auch unter Muslimen sehr bekannte medienkritische Plattform sind die NachDenk-Seiten von Albrecht Müller und Wolfgang Lieb. Die Bild-Zeitung räumte Sarrazins Buch im Vorfeld der Veröffentlichung viel Raum ein. Für Wolfgang Lieb war die Behauptung der Bild-Zeitung, dass nun endlich die ungeschminkte Wahrheit geschrieben werde, schlichtweg eine grobe Irreführung. „Seit Jahren konnte man in jedem sogar amtlichen Bildungsbericht nachlesen, dass der Anteil der Kinder mit Migrationshintergrund unter den Schulabbrechern deutlich überdurchschnittlich ist, dass solche Kinder in den weiterführenden Schulen unterrepräsentiert sind, dass ein hoher Prozentsatz ohne Berufsausbildung bleibt. Schon immer wurde auf die Sprachbarrieren hingewiesen. Die Städteplaner warnten schon seit langem vor Ghettobildung und „Parallelgesellschaften" in den Großstädten. Die Tatsachen lagen längst auf dem Tisch", so Lieb.

Im Unterschied zu diesen Berichten frage aber Sarrazin nicht nach den Ursachen und schon gar nicht nach seinen eigenen Fehlern, etwa als Berliner Finanzsenator. „Bild verpasste Sarrazin das Image eines ‚Klartext-Politikers', der endlich einmal den ‚naiven, gutmenschelnden, verlogenen' Politikern und Journalisten schonungslos die Wahrheit verkündete." Für Lieb lässt sich mit der Propaganda über etwa den Missbrauch von Sozialleistungen auch wunderbar von den viel größeren Skandalen, etwa der Gier der Spekulanten im Finanzcasino, ablenken. Mit der Mobilisierung des „Volkszorns" werden auch die Parteien unter Druck gesetzt, wenn etwa die Bild am Sonntag eine Umfrage in Auftrag gibt mit der dämlichen Frage: „Wie groß wäre eine Partei der Unzufriedenen?" „Es ist ja bekannt, dass die Parteien am sensibelsten reagieren, wenn sie befürchten müssen, dass ihnen die Wähler davon laufen", so Wolfgang Lieb. Wenn dann Umfragewerte veröffentlicht werden, dass 59 Prozent der CDU/CSU-Wähler oder 50 Prozent der SPD-Anhänger „Ja" zu den Sarrazin-Parolen sagen, dann ist das nichts anderes als eine massive Aufforderung an diese Parteien, sich solchen Positionen anzunähern.

Das Perfide daran ist, dass bei der Integrationspolitik die Medien plötzlich verlangen, dass die Politik endlich auf „Volkes Stimme" hören soll, während aber bei zentralen Fragen, die die Bevölkerung viel unmittelbarer betreffen, die meisten Journalisten es als ‚alternativlos' verteidigen, wenn die Politik sich gegen den Willen einer ganz überwiegenden Mehrheit stellt. Als Beispiel nennt Lieb etwa die Frage nach der Rente mit 67, die laut Politbarometer von 67 Prozent der Bevölkerung abgelehnt wird oder den Afghanistaneinsatz, der laut ARD-Umfrage von 70 Prozent abgelehnt wird, die den Rückzug der Bundeswehr fordern. „Im gesamten Medienmainstream wird seit Jahren bei diesen Themen die Regierungspolitik gegen die Mehrheitsmeinung in der Bevölkerung wortreich gelobt. Da bringt die Bild-Zeitung nicht über Seiten hinweg Leserkommentare etwa gegen die Rente mit 67. Das zeigt die ganze Doppelbödigkeit dieser Kampagne. In der Attitüde, Sarrazin vertrete zwar drastische Thesen, aber in der Sache habe er recht, macht man sich mit seinen Parolen gemein."

Viele Muslime fragen sich daher, welche Funktion diese Kampagne gegen Minderheiten, Randgruppen und sozial Benachteiligte gerade im Hinblick auf die Finanzkrise hat. Sie werden sich nicht ohne Weiteres als Sündenböcke präsentieren lassen.

3.
Was denken die Neo-Moslems?

Was ist der Islam?

Noch zu Beginn des letzten Jahrhunderts hatten Pilger die Möglichkeit, in der Moschee von Mekka Rechtsgutachten von Gelehrten der vier Rechtsschulen des Islam einzuholen. Auch wenn diese sicherlich von der Richtigkeit ihres eigenen Wissens überzeugt waren, akzeptierten sie gleichzeitig, dass es verschiedene, im Islam anerkannte Wege gibt, zu korrekten Urteilen zu gelangen.

In den letzten fünfzig Jahren kam es in Teilen der muslimischen Welt, allen voran der arabischen, zu verheerenden Verzerrungen, an deren Ende eine unduldsame Geisteshaltung stand, die nicht bereit ist, unterschiedliche Meinungen anderer, praktizierender Muslime anzuerkennen. So kann es passieren, dass einem der Vorwurf der „Bi'da" (Neuerungen im Glauben, die von einigen Strömungen per se als verwerflich eingestuft werden) an den Kopf geworfen wird, wenn man Dinge tut, die seit der Zeit der Salaf (der ersten muslimischen Generationen aus dem 7. Jahrhundert) anerkannt waren. Es ist erstaunlich, wie in der Gegenwart sowohl Fundamentalisten auf der einen Seite und Islamkritiker auf der anderen Seite ganz genau wissen, was der wahre Islam ist. Sie verstehen darunter eine Form des Islams, die nicht den Mainstream, nicht den breiten Strom des Islams repräsentiert, weder heute noch in der Geschichte.

Thomas Bauer, Professor für Islamwissenschaft und Arabistik an der Universität Münster, hat in seinem Buch „Die Kultur der Ambiguität – Eine andere Geschichte des Islam" brillant aufgezeigt, wie und warum es zu einer solchen Degeneration des Denkens nach dem Kontakt mit der Moderne kam. In diesem Zusammenhang redet man oft von einer Erstarrung oder auch vom Niedergang der islamischen Welt. Vor dieser Erstarrung war es üblich, dass man in der islamischen Welt kontroverse Debatten über Theologie führte, ohne darauf zu beharren, dass man selber recht hatte. Thomas Bauer betont, dass diese „Ambiguitätstoleranz" dann zu einem Ende kam, als man mit einem wirtschaftlich und militärisch übermächtigen Westen konfrontiert war, dem man entgegentrat, indem man Ideologien bildete – auch islamistische -, die den westlichen Ideologien ebenbürtig waren. Dies führte nach Bauer zur Erstarrung des traditionellen Islam, den heute immer mehr junge deutsche Muslime im Nebel der modernen Ideologien versuchen wiederzuentdecken. Im 19. und 20. Jahrhundert hat sich – Bauer zufolge – die ideologische Antwort als die attraktivere herausgestellt: „So haben wir heute die vielen fundamentalistischen – ich nenne sie einmal so – Strömungen einerseits, andererseits liberale, wesentlich sympathischere Strömungen, die aber auch sehr eindeutig auf ihrer Position verharren und die Vielfalt nicht zulassen." Thomas Bauer hat große Hoffnungen – nach dem Mentalitätswandel und dem Verschwinden der alten Autoritätshörigkeit, wie sie sich im „arabischen Frühling" gezeigt haben –, dass die jungen Muslime mehr Mut haben werden, die alte klassische Vielfalt wiederzuentdecken und für die Moderne nutzbar zu machen.

Der Islam war nie an eine Kultur angedockt, noch hat er von den Gläubigen erwartet, einer bestimmten Kultur anzugehören. Deswegen sieht man sowohl in Asien, Afrika, aber auch in Europa Muslime, die völlig selbstverständlich sich an ihre kulturelle Umgebung angepasst haben und keineswegs Fremdkörper sind. Dazu sind nicht nur jene Deutschen zu zählen, die zum Islam konvertiert sind, sondern auch die überwiegende Mehrzahl derjenigen Deutschen, deren Vorfahren aus der Türkei oder aus arabischen Ländern stammen, die in Deutschland geboren sind und die deutsche Sprache sprechen. Die Frage, woher ihre Eltern stammen, ist aus islamischer Perspektive völlig irrelevant. Wie schon der große muslimische Denker Ibn Arabi sagte, wird die Identität eines Menschen durch das Sprachvermögen bestimmt. Wer deutsch spricht ist ein Deutscher.

Die Bedeutung dieser immer größer werdenden Gruppe der Neo-Moslems liegt darin, dass sie durchaus zwischen der Essenz des Islam und dem importierten kulturellen Erbe ihrer Eltern unterscheiden können. Dabei folgen sie jedoch auch nicht einer banalen Ablehnung jeglicher Traditionen, die ihre Eltern ihnen zu vermitteln versuchten.

Auch wenn Islamkritiker und Muslime à la Pierre Vogel es nicht wahrhaben wollen: Für sehr viele Muslime sind Islam und Europa keine Widersprüche. Nicht in Anlehnung an den Euro-Islam nach Bassam Tibi, sondern in Anlehnung an einen Islam wie er in Andalusien und auf dem Balkan schon einmal europäische Realität war und heute wieder beginnt dies zu werden. In Abgrenzung zum Euro-Islam zeichnet diese Muslime aus, dass sie intellektuell und auch in der alltäglichen Praxis den vermeintlichen Widerspruch zwischen der islamischen und europäischen Tradition überwinden. Aber in der öffentlichen Debatte und in den Talkshows ist ein schräger Pierre Vogel lieber gesehen als eben ein deutscher Muslim, der die gängigen Klischees nicht bestätigt. Die gesellschaftliche Realität ist erfreulicherweise anders als die veröffentlichte Meinung.

Die Frage, was der Islam ist, wird viel zu selten gestellt. Das gilt auch für Muslime. Für die Neo-Moslems ist klar, dass der Islam keine Kultur ist. Sowohl die Auseinandersetzungen mit den Maßstäben der Mehrheitsgesellschaft wie auch die Auseinandersetzungen mit ihren Eltern und deren Kultur führten zu einer starken und spezifisch muslimisch-deutschen Identität, in der sich das geistige Fundament, das ihnen ihre Eltern vermittelt haben, und der Input der deutschen Kultur begegnen. Auch wenn öffentliche Figuren wie Necla Kelek versuchen, ein Missverständnis in der Gesellschaft zu verbreiten, dass nämlich junge Muslime mit ihren Eltern und deren Kultur vollkommen brechen müssten, um sich in Deutschland einzuleben, zeigen Neo-Moslems vorbildlich, wie es funktioniert, selbstbewusste Muslime und Deutsche gleichzeitig zu sein.

Viele junge deutsche Muslime verstehen den Islam als eine Lebenspraxis, die kompatibel zu jeder Kultur ist. Der Islam besteht nicht daraus, ein Kopftuch zu tragen oder sich einen Bart wachsen zu lassen. Die Glaubensgrundlage eines Muslims ist einfach: das Glaubensbekenntnis, dass es keinen Gott gibt außer Allah, und dass der Prophet Muhammad sein Gesandter ist. Er fastet im Monat Ramadan, pilgert einmal in seinem

Leben nach Mekka, betet fünfmal am Tag und zahlt seine Zakat, die verpflichtende Abgabe an Arme und Bedürftige. Das sind die fünf Säulen, auf denen der Islam ruht. Ob man nun in Alaska lebt, in Nigeria, in Indonesien oder in Deutschland, spielt dabei keine Rolle.

Die ersten Generationen der Einwanderer haben Einiges an religiöser Infrastruktur aufgebaut, auch wenn sie zum großen Teil aus Hinterhofmoscheen bestand. Aus ihren beschränkten Möglichkeiten haben sie das Beste gemacht. Für ihre Pionierarbeit gebührt ihnen Dank. Die heutige Generation junger deutscher Muslime hat ganz andere Möglichkeiten. Die Moschee war in ihrer Geschichte nie nur ein Gebetsraum. Wenn man sich die Moscheeanlagen etwa auf dem Balkan oder in Istanbul anschaut, dann sieht man, dass der Gebetsraum lediglich ein Teil dieser Anlagen ist. Um die Moschee herum sind soziale Einrichtungen wie Armenküche, Bibliothek, Krankenhaus und Stiftungen angesiedelt, die der ganzen Gesellschaft – nicht nur den Muslimen – Dienstleistungen anbieten. Daran gilt es anzuknüpfen. Sind Muslime keine Gäste mehr, sondern ein natürlicher Teil der deutschen Gesellschaft, haben sie auch die Pflicht, dieser Gesellschaft etwas zurückzugeben.

Kapitalismuskritik

Typisch für den modernistischen Islam, wie er sich im 19. und 20. Jahrhundert gebildet hat, ist das völlige Fehlen einer kritischen Reflexion über die Mechanismen und Folgen einer kapitalistischen Wirtschaftsweise. Schaut man nach Saudi-Arabien und den dort dominanten Wahhabismus (puritanische Form des Islam, die in Saudi-Arabien vorherrschend ist und dank der Petro-Dollars auch in andere Teile der islamischen Welt exportiert wird), wird klar, dass der Islam keine Rolle spielt, wenn es um die kapitalistische Wirtschaftsweise geht. Es sei denn, man zählt dazu, dass es in der Bank getrennte Schalter für Frauen und Männer gibt. Die islamischen Regelungen zur Ökonomie, die in den klassischen Werken des Islam einen beträchtlichen Teil einnehmen, werden auch bei den härtesten Wahhabiten gerne wegreformiert. Unter der Magie der westlichen Expansion wird gerne über diese Seite des Islam hinweggesehen, und mit einer rigorosen Sexualmoral kompensiert. Für die Neo-Moslems spielt die Frage nach ökonomischer Nachhaltigkeit dagegen eine große Rolle. Sie beziehen sich dabei auf die klaren koranischen Aussagen zum Wucher, der verboten ist, und zu einem gerechten Handel, der stattdessen gefordert wird. Unter jungen Muslimen und auch mittlerweile in den Gemeinden vor Ort findet eine kritische Reflexion darüber statt, was das kategorische Verbot des Zinses im Koran heute in der heftigsten Krise des Kapitalismus für eine Bedeutung haben kann. Junge muslimische Intellektuelle, die sich mit diesen Grundfragen unserer Zeit beschäftigen, könnten hier spannende Impulse geben und so Stereotype auflösen. Nicht die Frage, wie man denn nun endlich einen islamischen Gottesstaat in Deutschland errichtet, beschäftigt sie, sondern wie man die globalen Ungerechtigkeiten, unter denen die ganze Menschheit leidet, aufheben kann. Was ich mir wünschen würde, wäre, dass sich in Zukunft die neue kulturelle Avantgarde der jungen Muslime lautstark zu Wort meldet und ihre Lösungsvorschläge selbstbewusst kundtut.

Der Auftritt des Börsenhändlers Alessio Rastani auf BBC im Oktober 2011 sorgte bei vielen Menschen für Empörung, auch wenn nicht klar zu ermitteln war, ob er wirklich ein Börsenhändler war oder ob es sich um einen gefakten Auftritt der Guerilla-Gruppe „The Yes Men" handelte, deren Mitglieder dafür bekannt sind, sich als Experten auszugeben und völlig übertriebene Interviews zu geben. Rastanis provokante Aussagen zur derzeitigen Wirtschaftskrise haben viele schockiert: „Nicht die Regierungen beherrschen die Welt.

Goldman Sachs regiert die Welt." Für die Kritiker des entfesselten Kapitalismus ist das nichts Neues. Die Spekulanten und Banken sehen in erster Linie zu, dass sie aus der derzeitigen Krisensituation so viel Profit wie möglich schlagen. Der normale Bürger, der keinen Durchblick mehr in diesem Chaos hat, hat vielleicht die Hoffnung, dass die Rettungspläne der Regierungen den Crash noch abwenden können. Das Finanzkapital dagegen ist da ziemlich schmerzfrei und hat auch in der tiefsten Krise noch nur eines im Blick: den eigenen Profit.

Zahlreiche Kritiker weisen seit Jahren unermüdlich darauf hin, wie eine Finanzdiktatur die Menschheit unterdrückt und ausbeutet. Jean Ziegler ist einer der Wortführer dieser Kapitalismuskritiker. Vor zwei Jahren traf ich ihn in Frankfurt. Es war eine besondere Begegnung mit einem Menschen, der sich schon sein ganzes Leben lang für die Entrechteten und Unterdrückten einsetzt. „Die Sklavenhalter sitzen heute in den Börsen, bestimmen die Rohstoffpreise durch Spekulation und sind heute – wenn auch der Allgemeinheit nicht sichtbar – verantwortlich für den Hunger Hunderttausender Menschen", sagte er in unserem Gespräch. Dieses Finanzkapital in den Händen einiger westlicher Oligarchen habe eine Macht, so Ziegler, wie sie nie zuvor in der Geschichte der Menschheit ein

König, ein Kaiser oder ein Papst gehabt habe. Das bekommt auch Jean Ziegler zu spüren. Aufgrund seiner offenen und radikalen Kritik laufen etliche Gerichtsverfahren gegen ihn, die die Chefs der Banken und Großkonzerne angestrengt haben. Er ist mit etwa sechs Millionen Euro in den Miesen, aber auch das macht ihn nicht mundtot.

Was sagt eigentlich der Islam, was sagen die Muslime zu diesem entscheidenden Thema unserer Zeit? Gerade die Muslime im Westen scheinen so mit Integrationsdebatte und Islamkritik beschäftigt zu sein, dass sie über die wirklich relevanten Themen unserer Zeit wenig bis gar nicht reflektieren. Die ökonomische Realität wird einfach hingenommen. In der Diskussion über die Religionen hört man immer wieder, dass die Religionen sich einer Aufklärung unterziehen müssten. Nur wenige stellen die Frage, ob der Kapitalismus aufgeklärt sei. Wenn man sich die Auswüchse des Finanzkapitals mit seiner Irrationalität anschaut, beantwortet sich diese Frage mit Nein. Für viele Zeitgenossen – ob Muslim oder nicht – hat der Kapitalismus den Status einer Religion. Krisen gelten für viele geradezu als gottgegeben.

Dass diese Haltung, die das Geld zum Gott erhebt, dem alles huldigen soll, vollständig unvernünftig ist, liegt auf der Hand. Nichts bedarf so sehr der Aufklärung wie die vollständig irrationale, unberechenbare Welt der Finanzmanager und der von ihr Abhängigen. Auch die Politiker glauben und hoffen, aber denken nicht an Umkehr oder die Enttäuschung ihrer Illusionen. Denn dann müssten sie ja zugeben, unvernünftig zu sein und gar nicht mehr frei in ihren Entscheidungen. Sie huldigen einem Gott, der versklavt und die Freiheit des politischen Handelns vernichtet.

Für Muslime wie auch für Christen sind die Freiheit und die Freiheit erhaltenden Ordnungsgedanken göttlichen Ursprungs. Das deutet nicht auf eine Theokratie, sondern nur darauf, dass eine rein innerweltliche Vernunft schnell zur Unvernunft wird, weil ihr die korrigierenden, ihre Schwächen ergänzenden umfassenden Ordnungsgedanken fehlen. Gedanken, die den Menschen in den Mittelpunkt stellen und nicht den Markt und seine Gesetze. Die absolute Vorherrschaft der Marktgesetze führt in die Gesetzlosigkeit und in wüste Willkürherrschaft.

Die Vorstellung des islamischen Rechts und auch des Christentums, was man unter einer gerechten Wirtschaftsordnung versteht, kann hier interessante Impulse geben. Bereits das von Aristoteles erkannte Kernproblem einer Gesellschaft, nämlich die Frage nach dem Wucher, steht in der islamischen Lehre im Zentrum. Auch im Christentum spielte das Zinsverbot eine nicht unwichtige Rolle. Das Jesusbild, das den Menschen heute vorschwebt, ähnelt eher einer „feminisierten Gestalt mit Locken bis auf die Schultern", die unpolitisch und eher esoterisch sei, so Heiner Geißler. Er betont dagegen, dass Jesus ein hochpolitischer Mensch gewesen sei: „Es gibt ja kaum ein Kapitel in den Evangelien, in denen nicht geschildert wird, dass er sich mit den Mächtigen der damaligen Zeit angelegt hat, und zwar aus menschlichen, sozialen und damit auch politischen Gründen." Jesus habe an der Seite der Schwachen und Unterdrückten gestanden, die von dem mosaischen Gesetzt benachteiligt worden seien. „Das Evangelium hat eindeutig eine politische Dimension, und die ist eben nicht zu reduzieren auf eine Gebrauchsanweisung für fromme Leute, um möglichst senkrecht und schnell in den Himmel zu kommen", so Geißler, „es ist aber eben auch nicht Valium oder Opium für das Volk, sondern es ist eine ganz klare Aussage, wie das Leben der Menschen, das Zusammenleben der Menschen aussehen sollte." Deswegen kann Geißler auch mit dem falschen Jesusbild der Esoteriker und Spiritualisten, die es auch in den Kirchen gebe, nicht viel anfangen. Für Geißler war daher die Reaktion der Kirchen auf die ökonomischen Krisen enttäuschend, weil sie als Ideengeber angesichts dieser Situation völlig ausfielen: „Sie verfehlen dadurch ihren religiösen Auftrag. Ganz im Gegenteil, sie haben sich sogar anstecken lassen. Die evangelische Kirche war mal der Auffassung, dass die Agenda 2010 etwas Gutes gewesen sei, und die katholische Kirche hat ein Bischofswort herausgegeben mit dem Titel ‚Das Soziale neu denken', als ob man die Bergpredigt neu denken könnte." Richtiger wäre für Geißler die Formulierung ‚Das neue Sozialdenken' oder ‚Das neue Gestalten im Lichte des Evangeliums' gewesen. Das hätte er zumindest von den Kirchen erwartet.

Auch die Muslimischen Verbände und Denker sind mit der Erwartungshaltung konfrontiert, einen Beitrag zu den Grundfragen unserer Zeit zu leisten. Ein Blick in die klassischen Werke des islamischen Rechts zeigt, dass sich ein beträchtlicher Anteil des islamischen Rechts wirtschaftlichen Transaktionen und dem Handel widmet. Im Koran etwa heißt es: „Allah hat den Handel erlaubt und den Wucher verboten." (Sure 2, Vers 275). Allerdings ist selbst Muslimen nicht bewusst, dass ökonomische Fragen im Islam eine wichtige Rolle spielen. Das ungerechte Wirtschaften hat jahrhundertelang die islamischen Gelehrten beschäftigt und gehörte zu den bedeutendsten Fragen. Heute dagegen wird meist über das relativ belanglose Kopftuch debattiert. Der politische Islam – ob in seiner „konservativen" oder „liberalen" Ausprägung – war und ist mit Scheindebatten beschäftigt.

Gerade europäische Muslime sehen in dem Verbot der Zinserhebung immer mehr einen Schlüssel, um den „entfesselten Kapitalismus" einzudämmen. Es ist kein Zufall, dass gerade dieser Aspekt des Islam dem vielbeachteten politischen Islam völlig fremd ist. Die Idee eines Gottesstaates läuft praktisch auf eine Art Schweiz hinaus mit strikter Sexualmoral, Alkoholverbot und einer Börse ohne Aktien der Konsumindustrie. Inhaltlich ist ein solcher zugleich islamistischer und kapitalistischer Staat ein Paradox, da dem Islam die westliche staatsrechtliche Vorstellung von Nation historisch ebenso fremd ist wie der Kapitalismus.

Natürlich sind auch die Muslime in das strukturelle Spiel von Spekulation, Inflation und Korruption verstrickt. Alle Formen des politischen Islams haben sich daran nicht wirklich gestört. Ironischerweise ist es ja auch maßgeblich arabisches Geld, das einige Banken vor dem Absturz schützte, um so den Zerfall eigener gigantischer Währungshügel zu verhindern.

Wie gesagt, es sind nicht nur die Muslime, die sich ein wenig schüchtern aus der Wirklichkeit heraushalten und mit marginalen Themen beschäftigen. Die Christen verhalten sich nicht anders. Beim Papstbesuch wurde nicht bedauert, dass der Papst nicht eindringlicher an die katholische Soziallehre erinnerte. Es wurde beklagt, dass er sich nicht klar feministisch – Frauen, ran an den Altar – äußerte oder nicht den Gebrauch von Kondomen empfahl. Das sind die Sorgen der Christen in der Welt.

Abdulhakim Murad, ein muslimischer Gelehrter aus England, ist davon überzeugt, dass alle Religionen, nicht nur der Islam, sich gegen die Habgier wenden: „In dem Maße wie die moderne Ökonomie davon ausgeht, dass Wohlstand aus der Förderung eines auf Habgier basierenden Wettbewerbs erwächst, befindet sich die Moderne im Widerspruch zum Glauben. In einem gewissen Sinne kommt in diesem Spannungsverhältnis die tiefe Unvereinbarkeit von der religiösen Vorstellung des Menschen als ethischem Wesen mit dem Menschenbild derjenigen zum Ausdruck, die uns als das erfolgreiche Resultat eines Jahrtausende langen, brutalen, von Eigeninteressen diktierten Wettbewerbs betrachten. Der Islam und andere religiöse Glaubensrichtungen stellen auf ihre je eigene Art und Weise die kapitalistische

Apotheose der Habgier in Frage, prophetisch und radikal."

Heute gibt es in keiner muslimischen Gesellschaft eine islamische Ökonomie, betont Murad. „Die nationalen Eliten und die Logik der Globalisierung stehen einer Wiedergeburt eines ursprünglichen, auf dem islamischen Recht basierenden Wirtschaftens entgegen." Nach traditionell muslimischem Verständnis umfasse Reichtum alles, was Menschen wertschätzen, also auch immaterielle Güter. „Nach diesem Verständnis ist Geld allerdings Gold und Silber. Das soll heißen, es hat einen Wert, der sich aus natürlicher Knappheit ergibt. Dies schließt übertriebene und irreale Spekulation und eine Anhäufung von Reichtum aus, die allein auf Versprechen beruht. So werden die Möglichkeiten eines auf Kredit basierenden, raschen ökonomischen Wachstums gemindert. Man reduziert aber gleichzeitig auch die Möglichkeiten plötzlicher und unkontrollierter Wertschwankungen, da das Geld eine statische Größe besitzt und nicht potenziell unendlich ist."

Gerade in diesem Punkt könnte ein spannender und fruchtbarer Dialog zwischen Muslimen und Christen stattfinden. Religiöse Hilfsorganisationen der verschiedenen Religionen bemühen sich fleißig, die Folgen des entfesselten Kapitalismus zu lindern, statt sich auch vermehrt mit der Frage zu beschäftigen, was denn die Ursachen für soviel Elend sind. Vielleicht können die scheinbar antiquierten Religionen einen Beitrag dazu leisten, das „Glaubenssystem" des Kapitalismus infrage zu stellen, und so eine längst fällige neue Aufklärung in Gang bringen.

West-östliche Leitkultur

[...] Religion ist etwas unendlich Einfaches, Einfältiges. Es ist keine Kenntnis, kein Inhalt des Gefühls [...], es ist keine Pflicht und kein Verzicht, es ist keine Einschränkung: sondern in der vollkommenen Weite des Weltalls ist es: eine Richtung des Herzens. [...] Daß der Araber zu gewissen Stunden sich gegen Osten kehrt und sich niederwirft, das ist Religion. Es ist kaum. Es hat kein Gegenteil. Es ist ein natürliches Bewegtwerden innerhalb eines Daseins, durch das dreimal täglich der Wind Gottes streicht, indem wir mindestens dies: biegsam sind [...] Rainer Maria Rilke, Brief an Ilse Blumenthal-Weiß vom 28.12.1921

Seit 2000 wird in der gesellschaftlichen Debatte um Zuwanderung und die Muslime immer wieder der Begriff einer „deutschen Leitkultur" ins Feld geführt.

Zudem wird von einigen politischen Brandstiftern der Eindruck erweckt, als ob unser Land vor der Übernahme durch eine wilde Horde von Fremden stehe, die die Kultur der Dichter und Denker zerstören wolle. Als junger Muslim, der dieses Land liebt, das ihn so geprägt hat, stelle ich mir oft die Frage, was von dem Erbe unserer Dichter und Denker eigentlich noch übrig geblieben ist. Wenn ich mir meine Altersgenossen anschaue, merke ich davon nicht viel. Sie sind geprägt von der Konsumkultur einer globalisierten Welt. Von Goethe oder Schiller ist da nicht viel zu sehen.

Natürlich haben die Populisten, die den Begriff der Leitkultur gerne verwenden, kein ernsthaftes Interesse daran, ihren muslimischen Mitbürgern die deutsche Kultur nahezubringen. Es ist eine Abgrenzungsrhetorik um die eigenen Identitätsprobleme zu kaschieren. „Der" Muslim ist die willkommene Projektionsfläche für die eigenen Identitätskrisen, für die Identitätskrisen der jüngeren „deutschen" Generationen. Doch Muslime müssen sich natürlich die Frage gefallen lassen, ob sie sich denn überhaupt mit der deutschen Kultur, mit der Kultur des Landes, in dem sie leben, beschäftigen. Die große Goethe-Kennerin Katharina Mommsen findet die Herangehensweise der Politiker bedenklich: „Die Tendenz mancher Regierungen und Völker, sich in Besorgnis um die Reinerhaltung der eigenen Art, ängstlich von anderen Zivilisationen abzuschließen, ist ein bedenkliches Zeichen der Schwäche und kulturellen Niedergangs", so Katharina Mommsen in einem online abrufbaren Vortrag.

Viele Muslime haben nicht nur keine Bindung zur deutschen Kultur, sondern sind auch was die Herkunftskulturen ihrer Eltern angeht, völlig ungebildet. Da unterscheiden sich die jungen Muslime allerdings von der übrigen Jugend in keiner Weise. Die Theaterregisseurin Andrea Breth kritisierte 2005 im Schiller-Jahr, dass wir längst nicht mehr das Land der Dichter und Denker seien. Aus ihrer langjährigen Arbeit am Theater folgert sie, dass das Publikum gar nicht mehr die Fähigkeit habe, sich mit Schiller auseinanderzusetzen. „Angesichts der zunehmenden Trivialisierung der Gesellschaft fragt man sich ohnehin, ob man Schiller noch machen kann, ob den noch jemand wirklich versteht. Wenn man nicht mehr weiß, wofür man existiert, wenn man abstreitet, dass wir etwas zu vererben haben, wird es eng."

Gerade hier könnten junge deutsche Muslime eine Vorbildfunktion einnehmen. Der Islamwissenschaftler Peter-Anton von Arnim, ein Ur-Urenkel des Dichterpaars von Arnim, drückte es einmal so aus: „Man möchte sich wünschen, dass bei den vielen Debatten über die Integration von Ausländern in Deutschland, Debatten, bei denen im Hintergrund immer heimlich die Frage mitschwingt, ob die Türken als Muslime wirklich je Deutsche werden können, einmal ein türkischer Deutscher aufstehen und den deutschen Spießbürgern mit ihrer Deutschtümelei entgegenhalten würde: Ihr kennt eure eigenen Klassiker nicht! Der größte deutsche Dichter hat sich mehrmals zum Islam bekannt!" Peter-Anton von Arnim beschäftigte sich intensiv mit Goethes Beziehung zum Islam, die für ihn zu den erstaunlichsten Phänomenen in Goethes Leben gehört: „Für die Religion der Muslime entwickelte er früh eine besondere Anteilnahme. Von seiner Verehrung für den Islam zeugt vor allem jenes Werk, das uns heute, neben dem Faust, als eines seiner wesentlichsten dichterischen Vermächtnisse gilt, der West-östliche Diwan."

Die Auseinandersetzung kann für beide Seiten fruchtbar werden. Von Arnim ist überzeugt, dass seine Landsleute durch Goethe die universalen Aspekte des Islam nachvollziehen und somit weitverbreitete Vorurteile ablegen könnten. Aber auch den hier lebenden Muslimen kann der Dichter und Denker, der sich eingehend mit den Zeugnissen orientalischer Autoren aus der Blütezeit der islamischen Kultur auseinandergesetzt hat, einen neuen Zugang zu den Reichtümern ihres eigenen geistigen Erbes öffnen, zu einer Zeit, als die größten Geister des Orients unbefangen über Glaubensfragen nachdachten und sich frei darüber äußerten, ohne sich von staatlich bestellten Schriftauslegern und Gesetzeshütern in ihrem Denken und Tun einschüchtern zu lassen.

Viele Muslime sind überrascht, wenn sie etwas aus dem West-östlichen Diwan oder auch etwas von Rainer Maria Rilke lesen. Oft vermuten sie zunächst, dass es sich bei dem Autor um einen Muslim handelt. Deutsche Geistesgrößen wie Rilke und Goethe sind wichtige Brücken zum Islam und wichtig für den gemeinsamen Austausch. Wie faszinierend Goethes Werk auf Muslime wirken kann, erlebte ich, als ich einen Ausflug junger muslimischer Studenten nach Weimar organisierte. Vielen Studenten war die intensive Beziehung Goethes zum Islam nicht bewusst. Nach dem Besuch waren sie verzaubert von Weimar. Bezeichnend war es natürlich, dass die Medien in der hitzigen Phase der Leitkulturdebatte kein Interesse an Bildern hatten, die junge, gebildete Muslime zeigen, die Weimar besuchen, um ihren Goethe näher kennenzulernen, und damit klar stellen, dass Muslime in Europa kein Randdasein führen wollen, sondern ein selbstverständlicher Teil Europas und seines Erbes sind.

Goethes geistige Beschäftigung mit dem Islam und dem Koran war immer von großem Respekt begleitet. Sein unbefangener Umgang mit dem Islam stellt auch für uns ein Vorbild dar. Goethe ist dabei ein bekanntes aber nicht das einzige Beispiel für den traditionsreichen geistigen Austausch des Abendlandes mit dem Islam.

Das Streben der Geistesgrößen Goethe, Schiller, Rilke oder Hölderlin nach der Einheit der Existenz und deren Sehnsucht nach der Überwindung der abendländisch-christlichen Spaltung in Diesseits und Jenseits sind den Muslimen eigentlich kein unbekanntes Terrain. Vielmehr bieten sie ihnen einen Zugang zu europäischer Kultur, durch den sie in die Lage versetzt werden könnten, sich deren Reichtum jenseits musealer Konservierung fruchtbar zu machen. So ließe sich auch klar machen, dass der Islam eben keine Kultur ist. Der Koran wurde nicht an bestimmte Menschen gesandt, sondern an die ganze Menschheit, und nicht, um alle Kulturen zu „arabisieren", sondern um das Gute in jeder Kultur zu vervollkommnen. Das erklärt auch die verschiedenen Ausformungen des Islam von Malaysia bis Nordafrika. Oder eben hier in Europa. In der Geschichte haben sich Muslime der jeweiligen Umgebung immer kulturell angepasst.

Die elementaren Glaubensgrundlagen des Islam sind nicht an eine bestimmte Kultur angedockt, sonst wäre es auch nicht möglich gewesen, dass Goethe so fasziniert war vom Glaubenskern des Islam. Schon in jungen Jahren beschäftigte er sich intensiv mit verschiedenen Übersetzungen des Koran. Ein besonderes Zeugnis von Goethes Faszination für den Islam sind seine Gespräche mit Johann Peter Eckermann (J.P. Eckermann, Gespräche mit Goethe in den letzten Jahren seines Lebens, 1836), in denen er die Ergebung der Muslime in die Vorsehung Gottes lobte und den Glauben der Muslime an die Einheit Gottes teilte. Muhammad sah er als Propheten an.

Friedrich Nietzsche bezeichnete Goethes Unterhaltungen mit Johann Peter Eckermann als „das beste deutsche Buch, das es gibt". Durch naive wie kritische Fragen entlockte Eckermann Goethe seine Gedanken zu verschiedenen Grundfragen der Menschheit. Eckermann selbst erklärte, „dass diese Gespräche für Leben, Kunst und Wissenschaft nicht allein manche Aufklärung und manche unschätzbare Lehre enthalten, sondern dass diese unmittelbaren Skizzen nach dem Leben auch ganz besonders dazu beitragen werden, das Bild zu vollenden, was man von Goethe aus seinen mannigfaltigen Werken bereits in sich tragen mag." Goethes Reflexionen über das ur-islamische Denken kann auch den Muslimen einiges in Erinnerung rufen, was vielleicht hier und da verloren gegangen ist:

„[Es] ist höchst merkwürdig, mit welchen Lehren die Mohammedaner ihre Erziehung beginnen. Als Grundlage in der Religion befestigen sie ihre Jugend zunächst in der Überzeugung, daß dem Menschen nichts begegnen könne, als was ihm von einer alles leitenden Gottheit längst bestimmt worden; und somit sind sie denn für ihr ganzes Leben ausgerüstet und beruhigt und bedürfen kaum eines Weiteren ... im Grunde liegt von diesem Glauben doch etwas in uns allen, auch ohne daß es uns gelehrt worden. Die Kugel, auf der mein Name nicht geschrieben steht, wird mich nicht treffen, sagt der Soldat in der Schlacht; und wie sollte er ohne diese Zuversicht in den dringendsten Gefahren Mut und Heiterkeit behalten! ...[Es ist] eine Lehre ... [der] Vorsehung, die das Kleinste im Auge hält und ohne deren Willen und Zulassen nichts geschehen kann.

Sodann ihren Unterricht in der Philosophie beginnen die Mohammedaner mit der Lehre, daß nichts existiere, wovon sich nicht das Gegenteil sagen lasse; und so üben sie den Geist der Jugend, indem sie ihre

Aufgaben darin bestehen lassen, von jeder aufgestellten Behauptung die entgegengesetzte Meinung zu finden und auszusprechen, woraus eine große Gewandtheit im Denken und Reden hervorgehen muß.

Nun aber, nachdem von jedem aufgestellten Satze das Gegenteil behauptet worden, entsteht der Zweifel, welches denn von beiden das eigentlich Wahre sei. Im Zweifel aber ist kein Verharren, sondern er treibt den Geist zu näherer Untersuchung und Prüfung, woraus denn, wenn diese auf eine vollkommene Weise geschieht, die Gewißheit hervorgeht, welches das Ziel ist, worin der Mensch seine völlige Beruhigung findet. Sie sehen, daß dieser Lehre nichts fehlt und daß wir mit allen unsern Systemen nicht weiter sind und daß überhaupt niemand weiter gelangen kann.

Jenes philosophische System der Mohammedaner ist ein artiger Maßstab, den man an sich und andere anlegen kann, um zu erfahren auf welcher geistigen Stufe man denn eigentlich stehe." (11. April 1827)

Kritik am politischen Islam

In der Islamdebatte der letzten Jahre wurde der Begriff des Islamismus inflationär gebraucht, ohne dass wirklich geklärt wurde, was er konkret bedeutet.

Nicht nur Chefideologen von Al-Kaida werden als Islamisten markiert, sondern auch der Moscheegänger in Berlin-Kreuzberg, der vielleicht einen etwas zu langen Bart hat.

Nicht nur der deutsche Verfassungsschutz beschäftigt sich damit, was der Islamismus ist, sondern auch viele Muslime setzen sich kritisch mit diesem Phänomen auseinander. Denn nicht wenige Muslime werden nach der Markierung als „Islamist" von der öffentlichen Debatte ausgegrenzt, ob nun begründet oder nicht.

Auch wenn dieser Begriff nur ein Ausdruck der einfachen Sorge um eine mögliche Ideologisierung von Muslimen zu sein scheint, ist daraus zu schnell und unreflektiert ein Kampfbegriff geworden, der nicht mehr zwischen bekennenden Muslimen und einer gewaltbereiten Minderheit unterscheiden kann. Den ideologischen Gegnern des Islam scheint es wichtig zu sein, die Trennlinie zwischen einer islamischen traditionellen Lebenspraxis und einem islamischen Modernismus im Sinne einer ideologischen Parteiung aufzulösen. Die unscharfe Definition und beliebige Verwendung des Begriffs spielt den polarisierenden Akteuren in der Islamdebatte den Ball zu. In der Debatte um den politischen Islam geht dabei aber unter, dass sich insbesondere Muslime kritisch und wehrhaft mit den Ideologen aus dem eigenen Lager auseinandersetzen.

Islamismus ist ein Überbegriff für verschiedene ideologische Strömungen, der Ende des 20. Jahrhunderts geprägt wurde. Vorher war meist von Islamischem Fundamentalismus die Rede. Wie der französische Soziologe und Politikwissenschaftler Gilles Kepel herausarbeitete, stellt die unheilvolle Reduktion des Islam auf eine politische Bewegung ein sehr junges Phänomen dar. Thomas Bauer, Professor für Islamwissenschaft in Münster, zeigt in seinem schon erwähnten Buch „Kultur der Ambiguität", dass es mit der zunehmenden Ideologisierung des Islams im 19. und dann noch stärker im 20. Jahrhundert zu einem deutlichen Nachlassen der muslimischen Toleranz gegenüber Andersgläubigen kam: „Das sehen Sie zum Beispiel daran, dass in der Türkei noch am Ende des Osmanischen Reichs, als ein Viertel der Bevölkerung keine Muslime waren, die Ideologie des Nationalismus dazu führte, dass die Zahl der Minderheiten enorm abgenommen hat, und dass es auch zu Verfolgungen und Vertreibungen von Minderheiten kam", erläutert Bauer diese Entwicklung.

Die Konfrontation mit einem wirtschaftlich und militärisch übermächtigen Westen führte ab dem

19. Jahrhundert dazu, dass sich in der islamischen Welt Ideologien bildeten, die den westlichen Ideologien ebenbürtig waren. Das hatte zur Folge, dass das Nebeneinander verschiedener Meinungen und Deutungen, wie man es aus dem traditionellen Islam kannte, immer weniger akzeptiert wurde. Die ideologische Antwort auf den Westen war der intolerante politische Islam, mit dem sich dem Westen eine eigene Wahrheit entgegenhalten ließ.

„Heute haben wir auf einmal die vielen fundamentalistischen Strömungen einerseits, und andererseits liberale und wesentlich sympathischere Strömungen, die aber auch sehr eindeutig auf ihrer Position verharren und die Vielfalt nicht zulassen", meint Bauer. Dem klassischen Islam war dies fremd. Wenn wir etwa an große Denker wie Al-Ghazali (1058-1111) oder Ibn Arabi (1165-1240) denken, lassen sich diese weder als liberal noch als konservativ einordnen. Sie waren reflektiert und differenziert.

Mit der Konfrontation westlicher Ideologien entstanden als muslimische Reaktion darauf eigene ideologische Strömungen, und der Islam wurde nun von politischen Brandreden gegen den Feind bestimmt. Wenn man sich Chefideologen wie etwa Sayyid Qutb oder Sayyid Maududi anschaut, auf die sich die heutigen Islamisten jeglicher Couleur berufen, so waren diese keine klassischen islamischen Gelehrten, sondern Journalisten oder Pädagogen. Interessant ist übrigens, dass die heutigen Vordenker der Dschihadisten fast ausnahmslos Ingenieure und Naturwissenschaftler sind und eben keine theologische Kompetenz haben. Vielmehr treten sie mit einem naturwissenschaftlich-technischem Denken an den Islam heran und bedienen sich aus dem Koran wie aus einem Werkzeugkasten.

Der moderne Islamismus wird also deswegen zum Problem, weil er eine kranke Mischform zwischen westlich-politischem Denken und Islam darstellt. Das Bestreben der heutigen „Islamisten" vergleicht der französische Politologe und Islamexperte Olivier Roy daher etwa mit dem vergeblichen Versuch einiger extremistischer Gruppen wie etwa der RAF in Deutschland und der Roten Brigaden in Italien, durch Terrorakte dem Niedergang der kommunistischen Ideologie Einhalt zu gebieten.

Roy betont, dass der Modus operandi und die Organisationsform von Al-Kaida, das zentrale Feindbild des amerikanischen Imperialismus wie auch die auf junge, im Westen ausgebildete Muslime und auf Konvertiten ausgerichtete Rekrutierungspraxis darauf hinweise, dass Al-Kaida nicht einfach Ausdruck eines traditionellen, ja sogar nicht einmal eines fundamentalistischen Islam sei. „Es ist vielmehr eine neue Auffassung des Islam im Kleid westlicher, revolutionärer Ideologien", so Roy.

Die Konvertiten als Rebellen ohne Ziel und Orientierung hätten sich nach Roy vor 30 Jahren wahrscheinlich der RAF oder den Roten Brigaden angeschlossen. „Sie stehen immer noch in der Tradition eines mehrheitlich westlichen revolutionären Millenarismus, der sich von der Utopie einer neuen, gerechten Gesellschaft weitgehend abgewandt hat. Die neuen Bewegungen sind zutiefst skeptisch im Blick auf die Möglichkeit, ein ideales Gesellschaftsmodell zu verwirklichen – daher ihre suizidale Dimension, die man auch bei der RAF findet."

Roy unterstreicht, dass es sich bei der Ideologie Al-Kaidas und vieler anderer Islamisten um ein Mischmasch handele, der sich in erster Linie aus zwei Quellen speise: Die eine Quelle war die ultraradikale Linke des Westens, die einen weltweiten Kampf gegen die übermächtige Supermacht der Vereinigten Staaten führte. Roy sieht große Parallelen zur Baader-Meinhof-Gruppe, die ihre Mitglieder zu Trainingslagern in den Libanon entsandte und das Mittel der simultanen Flugzeugentführungen entwickelte. Bei Al-Kaida und anderen islamistischen Terrorgruppen sei die Bühne exakt die gleiche: „Der ‚globale Dschihad' bedeutet, der weltweiten Revolution der 1960er Jahre ein religiöses Etikett aufzukleben". Die andere Quelle des Islamismus waren, so Roy, radikale Jünger von Said Qutb. „Geprägt wurden sie von einem tiefen Zweifel über die Möglichkeit zur Verbesserung der muslimischen Gesellschaften und Qutbs Vorstellung, dass die westliche Kultur den Islam infiltriert hatte."

Auch viele gläubige Muslime sind durch den fundamentalistischen Islam bedroht, denn die „Neugeborenen" (Roy) greifen die traditionellen muslimischen Kulturen in ähnlicher Weise an wie den Westen. Roy versteht Fundamentalismus als Tendenz, die jeder Religion innewohnt. Für ihn macht es keinen Sinn, von außen einen „guten Islam" zu befördern, denn die Aufgabe sei, Raum zu schaffen für einen glaubwürdigen Hauptstrom des Islam, der die religiösen Ansprüche der Masse der Muslime erfülle.

Tamim Ansary, afghanisch-amerikanischer Schriftsteller und Historiker, hat in seinem aktuellen Buch „Die unbekannte Welt – Globalgeschichte aus islamischer Sicht" einen Versuch unternommen, dem eurozentrischen Geschichtsmodell eine Alternative gegenüberzustellen. Seine Mutter war Amerikanerin mit finnisch-jüdischen Wurzeln, sein Vater war Dozent an der Kabuler Universität und stammt aus einer angesehenen afghanischen Familie, die große islamische Gelehrte hervorbrachte. Er setzt sich intensiv mit der Gedankenwelt der Islamisten auseinander und betont, dass man zwischen dem Islamismus, der eine politische Bewegung ist, und dem Islam, der ein zivilisatorischer Zeitgeist ist und sich durch die Geschichte bewegt, unterscheiden muss. Mit der westlichen Herrschaft kam das islamische Projekt zum Erliegen, so Ansary, eine universale islamische Gesellschaft aufzubauen. Dieser Abbruch inspirierte in der Folgezeit eine Vielzahl von „Reformbewegungen". Mit den Erben, Nachkommen und Resten dieser Reformbewegungen des 18. und 19. Jahrhunderts hätten wir es heute immer noch zu tun.

Zu diesen „Reformern" gehörte etwa auch Dschamal ad-Din al-Afghani, der als Vordenker der Salafisten gilt. Ansary vergleicht al-Afghani mit Karl Marx, weil er die grundlegenden Ideen des Islamismus geprägt habe: Zwar sei das „Islam gegen den Westen"-Konzept nicht von ihm erfunden worden, aber er sei der überragende und einflussreichste frühe Exponent gewesen mit seiner Vorstellung, dass lokale Missstände und Kämpfe in Gesellschaften, die so verschieden sind wie Algerien und Indien, alle in Wirklichkeit Teil eines großen Kampfes zwischen zwei Mächten seien – dem Islam und dem Westen. „Mit der Ausgestaltung dieser Idee legte er die Grundlage für den apokalyptischen Millenarismus, der die politischen islamistischen Bewegungen umtreibt", so Ansary. Al-Afghani habe darüber hinaus erklärt, dass sich Muslime von der westlichen Wissenschaft abgewandt und die westlichen gesellschaftlichen Sitten übernommen hätten, sie aber stattdessen die westliche Wissenschaft übernehmen und die gesellschaftlichen Sitten zurückweisen müssten. „Al-Afghani predigte, dass der Islam nicht nur eine Religion, sondern ein Programm zur Regierung der Gesellschaft sei, das in seiner Gesamtheit funktionieren kann. So sind der Panislamismus, der wissenschaftszentrierte Modernismus und die Kooptation des Islam als politisches Programm Erbschaften von al-Afghani, die durch eine Vielzahl von Aktivisten, die er beeinflusst hat, darunter auch die ägyptische Muslimbruderschaft, aus der sich so vieles entwickelte, ihren Weg in die moderne Welt gefunden haben."

Die herrschende kompromisslose Logik des Islamismusbegriffs erschwert Differenzierungen und kann keine religiöse Orthodoxie mit Existenzberechtigung mehr denken. Praktisch führt eine Markierung als „Islamist" heute zu Berufsverboten, Verbannungsritualen, zum Karriereende. Es ist ein vager, unbestimmter

Begriff, der Orthodoxe und Schwerkriminelle gleichermaßen umfasst. Schon deswegen muss immer wieder um die Definitionshoheit gestritten werden. Es droht eine Wirklichkeit, in der schon der Besuch einer Moschee als Fanatismus gilt. Statt durch den willkürlichen Gebrauch des Kampfbegriffs Islamismus bestimmte Akteure unter den Muslimen auszugrenzen, ist es an der Zeit, gerade den innermuslimischen Stimmen Raum zu verschaffen, die aus dem Islam heraus argumentierend den islamistischen Wortführern widersprechen und somit einen wichtigen Beitrag dazu leisten, zwischen Islam als Religion und Islamismus als Ideologie zu unterscheiden. Auf muslimischer Seite muss eine neue Debattenkultur etabliert werden, um sich offener und konsequenter von den verschiedenen Ausformungen eines ideologisierten Islam zu distanzieren. Kritische Selbstreflexion ist ein Zeichen der Stärke und nicht der Schwäche.

Die muslimischen Verbände

Seit dem 11. September 2001 wird der Islam in der Öffentlichkeit in erster Linie als eine politische Bewegung oder Ideologie verstanden. Auch in Deutschland werden muslimische Verbände oft als ideologische

Bewegungen eingestuft. Daran hat der organisierte Islam eine Mitschuld. Wenn wir uns die verschiedenen deutschen islamischen Organisationen anschauen, sei es nun IGMG (Islamische Gemeinschaft Milli Görüs), Ditib (*Diyanet İşleri Türk İslam Birliği*, Türkisch-Islamische Union der Anstalt für Religion e.V.), VIKZ (Verband der islamischen Kulturzentren) oder kleinere arabische Organisationen, sind es nicht selten nach Ethnien getrennte Gemeinschaften. Für einen deutschen Muslim oder einen türkischstämmigen Muslim, der die türkische Sprache nicht sicher beherrscht, wird es schwierig, sich bei Milli Görüs oder Ditib auf Funktionärsebene zu engagieren. Die Verbände denken noch zu oft in nationalen Kategorien. Da muss ein Umdenken stattfinden, weil die Generationen der deutschen Muslime, die zwar türkische oder arabische Vorfahren haben, jedoch hier geboren und aufgewachsen sind, sich mit solch einem Verständnis von Gemeinschaft nicht zufrieden geben. Die ethnische Komponente ist den Neo-Moslems fremd. Deswegen formieren sich auch immer mehr Netzwerke, die die Vielfalt der in Deutschland lebenden Muslime besser widerspiegeln. „Zahnräder" ist solch ein Netzwerk, in dem sich engagierte junge Muslime verschiedener Herkunft und mit unterschiedlichem Background zusammengetan haben. Junge Menschen aus Wirtschaft,

Politik, Medien, Wissenschaft und dem sozialen Sektor haben sich zum Ziel gesetzt, die Gesellschaft, in der sie leben, gemeinsam mitzugestalten und zu bereichern. Auf intellektueller Ebene möchten sie sich mit gesellschaftlichen, politischen und religiösen Themen auseinandersetzen. Der große Unterschied zu manchen muslimischen Organisationen ist, dass „Zahnräder" die Vereinsgrenzen, ethnische Unterschiede und die Unterschiede in den religiösen Ausrichtungen überwinden und Muslime zusammenbringen möchte.

Die bisherigen etablierten Verbände werden durch solche Initiativen natürlich unter Druck gesetzt, auch wenn die Initiatoren selber das nicht beabsichtigt haben. Die Verbände können es sich nicht leisten, die Bedürfnisse und die Kritik der jungen Muslime nicht ernst zu nehmen. Früher oder später werden sie ansonsten Nachwuchsprobleme haben.

Problematisch an vielen muslimischen Verbänden war und ist auch ihre Sprachlosigkeit angesichts des globalen Terrors. Lange haben sich die Verbände und ihre Imame zu passiv verhalten, wenn es darum ging, terroristische Anschläge und vor allem auch die weitverbreiteten Selbstmordattentate aus dem Islam heraus argumentierend abzulehnen. Es ist symptomatisch für die geistige Verfassung des organisierten Islam, dass eine klare Ablehnung von Terror und der unislamischen Praxis der Selbstmordattentate erst nach dem 11. September 2001 möglich war. Das Grundproblem bei der Bewertung dieser Fragen ist für einige muslimische Organisationen nicht das islamische Recht, sondern eine krankhafte Form von Moral. Islamisch-rechtlich betrachtet sind Terror als eine Form des privaten Krieges und insbesondere auch Selbstmordattentate strikt verboten, egal in welch schwieriger Lage man sich auch befindet. Sajid Mohammed Tantawi, Großscheich der renommierten Azhar Universität in Kairo, lehnte auf einer Veranstaltung in der Bundespressekonferenz 2002 zwar den Terrorismus ab, distanzierte sich aber nur sehr schwammig von Selbstmordattentaten. Er fing an, moralisch zu argumentieren, indem er elementare Rechtsprinzipien des islamischen Rechts über Bord warf und zum Schluss kam: „Wer sich aber inmitten von Soldaten, die ihn töten wollen, oder inmitten einer Armee, die seine Heimat vergewaltigt, in die Luft sprengt, ist ein Märtyrer", schreibt er in einem Artikel in der FAZ. Das meine ich mit kranker Moral.

Die in gewisser Weise anarchischen Neo-Moslems sorgen mit ihrer kritischen Haltung gegenüber den starren und eingeschlafenen muslimischen Organisationen für Bewegung. Diesen jungen Muslimen fällt immer mehr auf, dass man in den Moscheen und in ihren „Kulturvereinen" eigentlich unter sich geblieben ist. In den „Kulturvereinen" steckt relativ wenig Kultur drin, vor allem wurde und wird immer noch in einer diesem Land fremden Sprache kommuniziert. Damit haben sich die Gemeinschaften bewusst oder unbewusst an den Rand der Gesellschaft manövriert.

Die Verbände haben sich lange Zeit als ethnische Minderheiten definiert, statt sich als natürlichen Teil der deutschen Gesellschaft zu verstehen. Natürlich spielten Ausgrenzung seitens der Politik und der Öffentlichkeit auch eine Rolle. Nichtsdestotrotz wurde durch die Betonung der ethnischen und zum Teil nationalistischen Komponente diese Situation verschlimmert. Man sollte sich nicht wundern, wenn sich in den letzten Jahren kritische oder misstrauische Stimmen aus der Mehrheitsgesellschaft häufen.

Die Neo-Moslems machen nun Druck, damit für die Probleme und Bedürfnisse der deutschen Muslime neue Antworten gefunden werden, abseits der ausgetretenen Pfade des organisierten Islam.

Wenn die Muslime ihre Rückzugsorte in den Industriegebieten verlassen und sich der deutschen Kultur mit ihren Dichtern und Denkern annehmen, werden sie sichtbar. Moscheen und Vereine müssen zu echten

Kulturzentren geformt werden, die für die ganze Gesellschaft einen positiven Beitrag leisten. Es liegt an uns jungen Muslimen, die die Zukunft Deutschlands mitgestalten werden, ob der Islam zu Deutschland gehört oder nicht.

Das Beispiel Ditib

Wenn man in Köln-Ehrenfeld an der Venloer Straße Ecke Innere Kanalstraße steht, kann man sich vor dem Rohbau der neuen Moschee erschrecken. Sie ähnelt in ihrem jetzigen Zustand eher einem Atommeiler als einer Moschee. Der Atomausstieg wird nichts daran ändern, dass die Kölner noch eine gewisse Zeit mit diesem Anblick leben müssen. Ob die Moschee in naher Zukunft überhaupt zu Ende gebaut werden kann, steht in den Sternen.

Als vor einigen Monaten bekannt wurde, dass die Ditib ihren Vertrag über den Bau der Zentralmoschee in Köln-Ehrenfeld mit dem bekannten Kölner Architekten Paul Böhm gekündigt hat, lud der Verband zu einer Pressekonferenz, die für große Irritationen sorgte. Nicht nur wurden auf dieser Pressekonferenz keine kritischen Fragen gestattet, es herrschte ein rauher Ton seitens der Ditib-Vertreter.

Es war ein weiteres Kapitel in der langen Geschichte der peinlichen Pressearbeit muslimischer Verbände in Deutschland. Zu Recht stellten sich die Journalisten nach dieser denkwürdigen Pressekonferenz die Frage, was innerhalb der Ditib vor sich geht. Für den Architekten Böhm und für die Kölner SPD-Politikerin Lale Akgün ist die Lage klar: Der neue Vorstand unter dem Vorsitz des in Deutschland promovierten Theologen Ali Dere fahre einen „konservativen" und „traditionalistischen" Kurs und gefährde somit das Moscheebauprojekt in Köln-Ehrenfeld. Zudem sei die Ditib über die staatliche Religionsbehörde an die AKP-Regierung in der Türkei gebunden. „Die Ditib ist ja in der Türkei direkt dem türkischen Ministerpräsidenten unterstellt und ist dadurch natürlich völlig abhängig von der politischen Großwetterlage, und wenn sich dort die Stimmung sehr viel konservativer gestaltet, schlägt das bis zu uns nach Köln durch", so Lale Akgün in einem Interview für domradio.de.

Ist der neue Vorstand wirklich so „konservativ", dass er soweit geht, das Prestigeprojekt in ein schlechtes Licht zu rücken und somit zu gefährden? Und überhaupt, was denken die Muslime über die Ditib? Dass es innerhalb der deutschen Ditib-Strukturen verschiedene Fraktionen gibt, ist nichts Neues. Innerhalb des Verbands gibt es sowohl einen nationalistischen Flügel, der sich gerne den eigenen Leuten in den Weg stellt, die die Strukturen aufbrechen wollen. Genauso gibt es aber auch eine Fraktion, die sich den gesellschaftlichen Realitäten in Deutschland anpassen will. Ali Dere etwa promovierte in Göttingen und lehrte einige Jahre an der Universität Ankara. Er gehört der Gruppe von progressiven Reformtheologen an, die als „Ankara Schule" bekannt geworden ist. Die aktuellen Vorstandsmitglieder sind allesamt Akademiker. In den früheren Vorständen zählte dagegen nicht die Qualifikation, sondern eher Abstammung. Vetternwirtschaft war verbreitet. Ehemalige Ditib-Funktionäre schleusten reihenweise Familienmitglieder ein und besorgten ihnen Positionen innerhalb der Ditib-Maschinerie. Ali Bas, der 2007 mit anderen Muslimen innerhalb von Bündnis90/Die Grünen in NRW den „Arbeitskreis Grüner MuslimInnen" gründete, gibt eine differenzierte Einschätzung der Ditib-Gemeinden: „In manchen Vorständen sitzen ältere Leute, die ausschließlich aufgrund ihrer Herkunftsregion in der Türkei da reingewählt werden. Oft beherrschen diese Personen die deutsche Sprache nicht gut und haben Probleme damit, mit der Öffentlichkeit um sie herum umzugehen, was die Arbeit auf kommunaler Ebene nicht leichter macht".

Die junge Generation sieht durchaus kritisch, dass immer noch Funktionäre innerhalb der Ditib arbeiten, die sofort stramm stehen, wenn der Ruf aus Ankara kommt. Dies war beim alten Vorstand allerdings stärker der Fall als beim aktuellen. Gerade der neue versucht, die verkrusteten Strukturen aufzubrechen und einen eigenständigen Weg einzuschlagen. Ein junges Mitglied, das in der Ditib sozialisiert wurde und namentlich nicht genannt werden möchte, setzt große Hoffnungen in Ali Dere. Unter dem alten Vorstand, der die Arbeit lange Jahre prägte, sei es für junge engagierte Muslime schwierig gewesen, ihre Ideen einzubringen: „Der frühere Vorsitzende Mehmet Yildirim hatte unserer Gemeinde sogar damit gedroht, den Imam abzuziehen", erzählt er. Der Grund für diese Drohung war ein Arbeitskreis auf lokaler Ebene, wo Vertreter der lokalen Ditib-Gemeinde gemeinsam mit den Gemeindevertretern anderer muslimischer Organisationen einen Arbeitskreis gegründet hatten, um verschiedene Projekte gemeinsam mit der Stadtverwaltung zu realisieren. Als die Ditib-Zentrale in Köln davon erfuhr, wurde die betroffene Gemeinde in diesem Ort zurückgepfiffen und ihr untersagt, mit anderen muslimischen Gemeinden zusammenzuarbeiten. Unter dem neuen Vorstand sei dies anders. Die Haltung gegenüber den anderen Verbänden sei lockerer geworden, betont der junge Mann. „Wir haben größere Freiheiten und können auf lokaler Ebene eigenständig handeln."

Eine Emanzipation sei nötig, aber auch schon im Gang, meint Ali Bas. „In einigen anderen DITIB-Gemeinden hat bereits der Generationenwechsel stattgefunden und es sitzen dann Leute mit solider Bildung und perfekten deutschen Sprachkenntnissen in den Vorständen. Diese verlangen dann von den ihnen zugeteilten Geistlichen aus der Türkei mehr, als bloß das Leiten der fünf Gebete und das Verlesen der Freitagspredigt. In einem mir bekannten Fall musste der Geistliche deswegen sogar ausgetauscht werden."

Ali Bas ist nur ein Beispiel für die Generation junger Muslime in Deutschland, die den Wandel vorantreiben. Eine rein türkisch orientierte muslimische Organisation hat bei ihnen auf Dauer keine Überlebenschance, denn die muslimische Community in Deutschland ist bunter, als die Öffentlichkeit und einige Verbandsfunktionäre es wahrhaben wollen. Aus einem islamischen Verständnis heraus ist es nicht zu erklären, dass sich eine Organisation, die sich an die Muslime in Deutschland wendet, nur auf eine ethnische Gruppe konzentriert. Die größte Herausforderung der Ditib ist daher nicht etwa der Bau von repräsentativen Moscheen, sie muss es in erster Linie schaffen, einen Wandel zu forcieren, sodass sie klar in Deutschland verortet ist und nicht länger ein

„Fremdkörper" für die hier lebenden Muslime darstellt.

Die permanente Auslandsbindung ist langfristig schädlich für das Entstehen einer einheimischen muslimischen Identität. Das gilt nicht nur für die Ditib, sondern gleichermaßen für sämtliche Organisationen, die eine ethnische Basis haben. In der Vergangenheit mag der Rückgriff auf die Unterstützung der Heimatländer sinnvoll gewesen sein, denn wie hätte sich ein erheblicher Teil der praktizierenden Muslime ansonsten gemeinschaftlich organisieren können? Heute ist die Lage jedoch anders. Die teilweise straffen, zentralistischen Strukturen sind überholt. Um junge Muslime, die die künftigen Gemeinden stellen werden, nicht zu verprellen, dürfte eine Generalüberholung nötig sein. Die zentralistischen Strukturen hemmen die lokale Unabhängigkeit und Flexibilität der Moscheegemeinden. Bas erklärt: „Nicht selten werden gerade junge Leute der Gemeinde mit Ideen von solchen Vorständen dann kaum ernst genommen, was tragisch ist, wenn man sich mal den Altersdurchschnitt in den Moscheen anschaut."

Es braucht Zeit, die seit über 20 Jahren im Apparat vorherrschende Mentalität zu ändern. In dem man aber unbedacht dem neuen Vorstand per se das Label

„konservativ" oder „traditionalistisch" verpasst, tut man weder dem Moscheebauprojekt einen Gefallen noch dem Wandel innerhalb der Ditib.

Sämtliche Dinge des organisierten Islam in Deutschland sind im Fluss. Das erkennt man nicht nur in den anderen, großen Verbänden, wo eine neue Generation junger Muslime, die hier geboren und sozialisiert sind und sich eher Deutschland als der Türkei zugehörig fühlen, zunehmend in entscheidende Positionen kommt und damit einen Wandel einleitet. Das macht auch vor der Ditib nicht halt. Dieser Wandel braucht Zeit, die Mühlen innerhalb solcher Organisationen mahlen langsam. Besonders bei der Ditib ist es eine mühsame Arbeit für die jungen Muslime.

Wenn die Politik Angst macht

„Der beste Weg einen Staat zu erhalten, ist es, Rebellionen, Aufruhr und Bürgerkrieg zu garantieren. Man muss einen Feind haben, an dem man sich selbst erproben kann."
Jean Bodin, Über den Staat

Freitag, 22. Juli 2005, U-Bahn-Station Stockwell in London, wenige Tage nach dem Attentat auf die Londoner U-Bahn: Vier Polizisten in Zivil erschießen einen Verdächtigen. Der Mann habe nicht auf die Aufforderungen der Beamten reagiert und sei geflüchtet. Weil sie einen Selbstmordanschlag befürchteten, töteten die Polizisten den Mann mit fünf Kopfschüssen. Später wird sich herausstellen, dass es sich um einen 27-jährigen Brasilianer namens Jean Charles de Menezes handelte. Geschockte Augenzeugen berichten von einer regelrechten Hinrichtung. Die britische Polizei gab kurze Zeit später zu, dass Menezes nichts mit den verheerenden Anschlägen von London zu tun hatte. Außenminister Jack Straw und der Londoner Polizeichef Ian Blair drückten daraufhin ihr „tiefes Bedauern" über den Vorfall aus. An der „Shoot to kill"-Praxis, wonach mögliche Selbstmordattentäter erschossen werden, wurde jedoch nichts geändert.

In regelmäßigen Abständen kommen auch in Deutschland nach jedem Anschlag Forderungen nach schärferen „Anti-Terror-Maßnahmen" auf. Innenminister diskutieren schnell über die Einführung einer vorbeugenden Sicherungshaft auch ohne konkreten Verdacht einer Beteiligung an einer Straftat und über viele andere fragwürdige Maßnahmen.

Der Orientalist Navid Kermani bezeichnete in einem Beitrag für die Süddeutsche Zeitung die Debatte über schärfere Anti-Terror-Maßnahmen als eine, die kaum etwas mit Terror zu tun habe. „Mit Sprachkursen und der Überwachung von Moscheen ist diesem Terror nicht beizukommen. Zu fragen wäre eher, warum ausgerechnet junge, gut ausgebildete, sozial engagierte und von ihrer Umwelt als freundlich beschriebene Menschen einen solchen Hass entwickelten gegen den Westen – und damit gegen die Gesellschaft, der sie selbst angehörten", so Kermani. Man müsse fragen, warum sie aufgehört haben, sich zu dieser Gesellschaft zugehörig zu fühlen. Kermani betont, dass die Antwort nicht einfach im Koran oder im Nahost-Konflikt zu finden sei. Sie liege auch im Westen selbst.

Auch der italienische Philosoph Giorgio Agamben weigert sich, in den Chor derjenigen einzustimmen, die glauben, in Zeiten des Terrors dürfe man die eigene Gesellschaft nicht mehr kritisieren, sondern müsse sie mit aller Gewalt verteidigen. Agamben vertritt die These, dass auch in Demokratien Dunkelzonen des Rechts entstehen, Ausnahmezustände, in denen die „nackte Macht" sich des „nackten Lebens" bemächtigt. Auch liberale Demokratien schaffen demnach Räume, in denen das Recht aufhört, ein Recht für alle zu sein. Äußere Bedrohungen verleiten Regierungen dazu, das Recht zu ignorieren und den Notfall zur

Regel zu erklären. In diesen Maßnahmen steckt für Agamben das Paradox des Ausnahmezustands. Demokratien verletzten die rechtliche Ordnung, um die Ordnung im Ganzen zu erhalten. Schrittweise verlagern sie die Macht in den Apparat oder heben Teile der Rechtsordnung aus den Angeln. Es entstehen Zonen von Unsicherheit und Unentscheidbarkeit, unklare Lagen zwischen Regel und Ausnahme. Schleichend geht das Gesetz des Handelns an die Exekutive über. Innenminister erwägen Sicherungsverwahrung oder extralegale Tötungen. Der Einfluss der Militärs wächst, die Abgrenzung von polizeilichen Aufgaben wird unscharf. Nach und nach droht die Ausweitung des Sicherheitsparadigmas zu einer normalen Technik des Regierens zu werden.

Der Germanist Manfred Schneider hat in seinem Buch „Das Attentat – Kritik der paranoischen Vernunft" den Furor von Attentätern und die wahnhafte Reaktion der Gesellschaft darauf analysiert. Schneider versucht, die Paranoia als eine Form der Vernunft zu beschreiben. Wie kann Paranoia vernünftig sein? Die Paranoiker sind nach Schneider nicht selten genial in ihrer Fähigkeit, aus winzigen Zeichen und flüchtigen Daten weitgehende Schlüsse zu ziehen. „Allgemein verstehen wir unter Vernunft die intellektuelle Leistung, Ereignisse mit den zu ihnen gehörigen Ursachen zu verbinden. Der literarische Typus, der diese Rationalität als Genie verkörpert, ist Sherlock Holmes. Immer sieht er mehr, entdeckt Spuren und Zeichen, die andere übersehen haben. Und am Ende kombiniert er besser als seine Kollegen. Auch der Paranoiker arbeitet nach dieser Methode und in der Überzeugung, dass er mehr sieht und versteht", erklärt Schneider.

Als ein weiteres Beispiel nennt Schneider den Schriftsteller Karl Kraus, der zu den wenigen Autoren und Intellektuellen in Österreich gehörte, die nach 1914 die Politik der deutschen und österreichischen Regierung im Ersten Weltkrieg scharf kritisierten. „Wie hat er es geschafft, sich der allgemeinen Kriegshysterie zu entziehen? Er hat die Presse grundlegend unter Verdacht gestellt, dass sie die Dinge entstelle, dass sie die Ereignisse beschönige und die Fähigkeit der Leser ruiniert habe, sich die Schrecken und Verbrechen des Krieges vorzustellen. Karl Kraus hat die Presse für das größte Weltübel gehalten. Das war zwar paranoisch, aber seine Kritik an der Kriegspresse war vollkommen richtig. Er war insofern ein wahnhafter Interpret, aber aus diesem Wahn heraus hat er die Zeichen seiner Zeit korrekt interpretiert."

Dem entnimmt Schneider, dass der einzelne Paranoiker keineswegs in seiner Wahrnehmung verwirrt oder in seinen mentalen, logischen Leistungen eingeschränkt sei. „Er ist übervernünftig. Ein Psychiater hat einmal gesagt, dass der Paranoiker nicht seine Vernunft verloren hat, sondern alles außer seiner Vernunft. Verloren hat er die Begleitoperationen jeder Erkenntnis: die Intuition, den Zweifel, die Selbstkritik, die Fähigkeit, eine Vermutung erst einmal auf Probe zu stellen. Angelehnt an Nietzsches Satz: ›Nicht der Zweifel, die Gewissheit ist das, was wahnsinnig macht ...‹, ist die Paranoia eine Extremform der Gewissheit."

Paranoia prägt aber nicht nur den Attentäter sondern auch das Gegenüber. Dem „Wahn der bewaffneten Hand" entspricht nach Schneider ein „Wahn der Geheimdienste". Geheimdienste und Sicherheitsorgane des Staates sind für Schneider der institutionalisierte Generalverdacht des Staates: „Heute prüfen die Geheimdienste: Wie gefährlich sind die Muslime? Das aber fragt der Wahn unserer Tage. Gegenwärtig erscheinen Serien von Büchern, die die Gefahr einer weltweiten muslimischen Verschwörung konstruieren: Die Terroranschläge auf die Eisenbahn in Madrid 2004 und auf die Londoner U-Bahn im Juli 2005, die Ermordung Theo van Goghs, das Attentat auf den Karikaturisten Kurt Westergaard fügen sich im Auge solcher Autoren zu einem weltumspannenden Netzwerk des islamischen Terrorismus. Längst haben sich einige politische Parteien und Regierungen in verschiedenen Ländern Europas diese Paranoia zu eigen gemacht. Es ist nicht zu leugnen, dass der Mörder von Theo van Gogh auch Paranoiker war – er glaubte an die geheime Macht der Juden in den Niederlanden. Aber der muslimfeindliche Politiker Geert Wilders, der die neue Regierung mitträgt, ist sein staatliches Spiegelbild."

Wie Jean Baudrillard schon kurz nach dem 11. September 2001 festhielt, hat der Terrorismus kein Ziel und lässt sich nicht an seinen realen Folgen messen. Vielmehr riskiert er, durch zusätzliche Unordnung die Kontrolle des Staates zu verstärken, wie man heutzutage überall in der Einführung neuer Sicherheitsmaßnahmen erkennen kann. Es ist an der Zeit, die Paranoia, die auch Gespenster sieht, unter Kontrolle zu halten.

‚Integrationsbehörde' Verfassungsschutz

„Wo war der Richter, den er nie gesehen hatte? Wo war das hohe Gericht, bis zu dem er nie gekommen war? Vielleicht aber existiert das Gericht gar nicht, jedenfalls nicht als ein von Personen bewusst geführter Prozess mit einer für den Angeklagten einigermaßen transparenten Prozeßordnung"
Franz Kafka, Der Prozeß

Schon seit einigen Jahren werden Muslime und deren Verbände auf institutioneller Ebene unter Druck gesetzt. Einige Verbände, namentlich die IGMG (Islamische Gemeinschaft Milli Görüs) und auch einzelne Initiativen wie etwa die MJ (Muslimische Jugend), sind verschiedenen Ausgrenzungsmechanismen ausgesetzt. Der Verfassungsschutz und die Verfassungsschutzberichte spielen dabei eine zentrale Rolle. Es ist wichtig, dass sich der Verfassungsschutz mit Extremisten aus der rechten und linken Ecke, aber auch mit dem Islamismus beschäftigt. Doch haben viele Muslime hier gewisse Vorbehalte, die nicht unbegründet sind. Die Ausgrenzungsmechanismen haben eine verheerende Wirkung in der Öffentlichkeit. Journalisten bedienen sich der Verfassungsschutzberichte, ohne wirklich selbst recherchiert zu haben. Durch diese völlig unkritische Betrachtung werden stigmatisierende Urteile weiter in der Öffentlichkeit verbreitet. Und auch viele Muslime lassen sich von diesen Ausgrenzungsmechanismen infizieren und betreiben diese dann selber, um ja nicht mit verdächtigen Einzelpersonen oder Verbänden in Verbindung gebracht zu werden.

Laut Verfassungsschutz beträgt das „islamistische Personenpotenzial" etwa 36.000 Personen. Die Medien leisten ihren Beitrag zur Panikmache, wenn etwa die Süddeutsche Zeitung oder die ZEIT solche Zahlen völlig unkritisch übernehmen und formulieren, dass 36.000 Personen „radikal islamistischen Gruppen nahe stehen". Eberhard Seidel hat dies in einem Artikel für die taz heftig kritisiert: „Denn von den 36.000 „radikalen Islamisten", die der Verfassungsschutz gezählt hat, gehören 29.000 Mitglieder der „Islamischen Gemeinschaft Milli Görüs" (IGMG) an. Und die ist nicht radikal, sondern gewaltfrei und ‚legalistisch', wie selbst im Kleingedruckten des Verfassungsschutzberichtes zu lesen ist."

Tatsächlich konnte der Milli-Görüs-Bewegung in Deutschland trotz jahrelanger Beobachtung bislang nicht nachgewiesen werden, dass sie zur Gewalt aufruft oder je dazu aufgerufen hat, betont Seidel. Deswegen werfe ihr der Verfassungsschutz nur schwammig vor: „Ihre auf Stärkung der eigenen religiösen und kulturellen Identität und Bewahrung vor einer Assimilation an die deutsche Gesellschaft ausgerichteten Bestrebungen scheinen jedoch geeignet, die Entstehung und Ausbreitung islamistischer Milieus in Deutschland zu fördern." Diese Einschätzung mag richtig sein, so Seidel, sie sei aber auch reichlich vage. Ähnliches ließe sich wohl auch über die ein oder andere christlich-, hinduistisch- oder jüdisch-fundamentalistische Gruppe sagen. Warum diese, anders als

Milli Görüs, keinen Eingang in den VS-Bericht finden, erschließt sich nicht so recht.

Innerhalb der IGMG gibt es einen Wandel, denn die jüngeren Generationen besetzen Funktionärsstellen im Verband und setzen sich sehr kritisch mit der Ausrichtung der IGMG auseinander. Aber auch den heftigsten Kritikern von Milli Görüs innerhalb der muslimischen Community bereitet der staatliche Umgang mit der Organisation großes Unbehagen. Denn die Auswirkungen, dass man von Sicherheitsdiensten fast als Verfassungsfeind gebrandmarkt und mit dem Begriff „Islamist" markiert wird, sind verheerend. Es bedeutet die Verbannung aus der Öffentlichkeit und aus der Islamdebatte. Der Höhepunkt war der Ausschluss des Islamrats von der Islamkonferenz, mit der Begründung eines laufenden Ermittlungsverfahrens. Das sorgte für großen Medienrummel. Dass das Verfahren später eingestellt wurde, war dagegen nur noch eine Randnotiz in den Medien. Vielen jungen Muslimen schmeckt diese Stigmatisierung nicht. Und sie fühlen sich immer mehr in der Pflicht, diese Ausgrenzungsmechanismen zu unterlaufen, indem sie erst recht den Kontakt zu diesen Verbänden suchen, um der Politik und der Öffentlichkeit zu zeigen, dass sie sich nicht vorschreiben lassen, mit wem sie den Umgang pflegen sollen oder nicht.

Eberhard Seidel hält diese Vorgehensweise der Politik zu Recht für einen großen Fehler: „Solch eine Kontaktsperre ist nicht nur demokratisch fragwürdig, sondern politisch mehr als dumm. Denn der Islamrat ist nicht nur umstritten, sondern auch der vielleicht wichtigste Dachverband der Muslime in Deutschland. Und ohne Milli Görüs wird es keine Integration des Islam, schon gar keine Integration reaktionärer und wertkonservativer Muslime geben. Deshalb gibt es keine Alternative zur streitbaren gesellschaftlichen Auseinandersetzung mit Milli Görüs, bei der es um die unhinterfragbaren Grundlagen des Zusammenlebens in Deutschland geht."

Das Bedrohungsszenario von 36.000 potenziellen Extremisten fällt in sich zusammen, wenn man die Mitglieder der IGMG herausrechnet. Daher haben die Sicherheitsdienste großes Interesse daran, dass diese Organisation in der Statistik weiter aufgeführt wird, auch wenn einige Mitarbeiter des Verfassungsschutzes bei vertraulichen Gesprächen unter vier Augen die Ansicht vertreten, dass es dafür nicht wirklich einen Anlass gibt.

Der renommierte Staatsrechtler Dietrich Murswiek vertritt als Jurist eine klare Position zur Praxis einiger Ämter des Verfassungsschutzes. Seiner Meinung nach wird in den meisten Verfassungsschutzberichten nicht nur über erwiesene Verfassungsfeinde berichtet, sondern auch über solche Organisationen, die von der Verfassungsschutzbehörde lediglich verdächtigt werden, verfassungsfeindliche Bestrebungen zu verfolgen. „Diese Praxis ist rechtswidrig. Sie findet in den Verfassungsschutzgesetzen keine Grundlage und verstößt zudem gegen das Grundgesetz." Nachzulesen online in Murswieks Darstellung „Der Verfassungsschutzbericht – Funktionen und rechtliche Anforderungen". Die Richter des Verfassungsgerichts in Karlsruhe haben 2005 in ihrem Beschluss zur Wochenzeitung „Junge Freiheit" klare Maßstäbe formuliert, die von einigen Verfassungsschutzbehörden nach Murswiek nicht ausreichend eingehalten worden sind. Nach dem Urteil darf über eine Organisation nicht berichtet werden, wenn sie nicht nachweislich verfassungsfeindliche Bestrebungen verfolgt. Wenn nur ein entsprechender Verdacht vorliegt, der auf hinreichend gewichtige tatsächliche Anhaltspunkte gestützt ist, darf über diese Organisation nur berichtet werden, wenn der Verfassungsschutzbericht unmissverständlich deutlich macht, dass hier nur ein Verdachtsfall vorliegt. Die Karlsruher Richter haben betont, dass dabei Verdachtsfälle und Fälle erwiesener Verfassungsfeindlichkeit klar und in einer auch für den flüchtigen Leser erkennbaren Weise unterschieden werden müssen. Murswiek bemängelt, dass in den Verfassungsschutzberichten des Bundes und einiger Bundesländer zwischen Verdachtsfällen und Fällen erwiesener Verfassungsfeindlichkeit entweder gar nicht oder nicht hinreichend deutlich unterschieden wird.

Auch der Sozialanthropologe Werner Schiffauer, der sich lange Jahre eingehend mit der Milli Görüs beschäftigt hat, bemängelt die Vorgehensweise des Verfassungsschutzes und die unkritische Übernahme der Beurteilungen aus den Verfassungsschutzberichten durch die Medien, wenn es um die Muslime geht. Schiffauer attestiert in einem Interview mit der Islamischen Zeitung eine „Verwahrlosung der Rechtsstaatlichkeit", denn die Verfassungsschutzberichte würden wie Urteile über die Verfassungsfeindlichkeit wahrgenommen: Das saubere Verfahren sei, dass der Innenminister einen Verbotsantrag stellt, dieser wird parlamentarisch abgestimmt und vom Bundesverfassungsgericht rechtlich überprüft. „Damit hat man die Fakten auf dem Tisch und kann verbieten oder nicht. So wie es jetzt ist, führt eine staatliche Behörde wie der Verfassungsschutz – der gehalten ist, schon im Vorfeld zu ermitteln, also in einer Grauzone -, Organisationen, die er unter dem Verdacht hat, verfassungsfeindlich zu sein, dann als verfassungsfeindlich auf." Das Problem in der Praxis sei, dass diese Darstellung von den anderen Ämtern dann als Definition übernommen werde.

Außerdem, so Schiffauer weiter, basiere die Einschätzung des Verfassungsschutzes über die Verfassungsfeindlichkeit auf Kriterien, die mit der Verfassung nichts zu tun hätten, jedenfalls „bei den Gruppen, die sich selbst zur Verfassung bekennen, wie der IGMG oder der Islamischen Gemeinschaft Deutschlands (IGD). Das ist anders beim „Kalifatsstaat" oder Hizbu't-Tahrir, die sich explizit gegen die Verfassung ausgesprochen haben. Bei IGMG und IGD kommen dann Kriterien wie Parallelgesellschaft oder Identitätspolitik vor, oder Missionierung wie bei der Tabligh-i Jamaat – alles Kriterien, die mit der Verfassung nichts zu tun haben. Missionierung etwa steht explizit unter dem Schutz der Religionsfreiheit im Grundgesetz. Das heißt, hier gibt es eine Institution, die relativ frei mit der Verfassung umgeht und als „verfassungsfeindlich" definiert, was sie als verfassungsfeindlich sieht. Das fließt dann in die Berichte ein."

Die dritte rechtsstaatliche Unsauberkeit sei schließlich, dass dann nicht nur einer Organisation, die in dem Bericht auftaucht, auch von anderen Institutionen die Verfassungsfeindlichkeit unterstellt werde, sondern jedem einzelnen Mitglied: „Wenn jemand in der IGMG ist, wird dies als tatsachengestützter Hinweis auf dessen Verfassungsfeindlichkeit betrachtet, auch wenn diese Person sich nachweislich für Integrationspolitik einsetzt. Hier wird also die Einzelfallprüfung ausgesetzt."

Ein weiterer Punkt ist, dass eine Gesinnung unter Strafe gestellt wird. „Die Mitgliedschaft in einer nicht verbotenen Gemeinschaft zu sanktionieren, bedeutet, eine Einstellung zu sanktionieren. Hiermit wird eine weitere Grenze überschritten, wobei mittlerweile nicht nur Versagungen der Einbürgerung, sondern auch Abschiebungen damit begründet werden. Das halte ich in unserer Rechtskultur für einen Skandal."

Nicht nur von Sicherheitsdiensten und aus den Medien, sondern auch aus Kreisen sogenannter „liberaler" Muslime kommen immer wieder Statements, die religiöse Muslime als Sicherheitsrisiko und nicht integrierbar darstellen. Werner Schiffauer findet besonders bedenklich, dass ein Bekenntnis zur Schari'a heute von sehr vielen Leuten als Absage an die Verfassung gewertet wird: „Es wird anders gewertet als etwa bei schriftgläubigen Christen, die auch von der Frage des göttlichen Rechts, der Dignität und der Inkompatibilität des göttlichen Rechts mit dem weltlichen Recht, betroffen sind." Dies sei eine urreligiöse

Position, dass das göttliche Recht einfach voraus geht; das eine sei menschliche Ordnung und das andere Verpflichtung, so Schiffauer. Die Frage, ob man den Koran über die Verfassung stelle, sei eine absurde Frage. Denn letztlich sei es ganz klar, dass der Koran oder auch die Thora und alle diese Schriften ja zu einer Zeit offenbart worden seien, als es die Verfassung noch gar nicht gab. „Die große Frage ist ja nicht, dass man an die göttliche Schrift glaubt, sondern wie man die göttlichen Gebote in die heutige Lebensrealität übersetzt. Und da muss ja jeder, der an die Schrift und die Offenbarung glaubt, übersetzen; er muss sich überlegen, was das hier und jetzt bedeutet, in einem kulturellen Kontext, der auch sprachlich anders verfasst ist – jede Übersetzung ist ja eine Verzerrung." Dies bedeutete aber auch, dass man es innenpolitischen Institutionen übersetzt. Das sei ein kreativer Prozess. Das werde laut Schiffauer aber nicht gesehen von diesen Institutionen, die mit dem Bekenntnis zur Schari'a gleich verbinden, dass diese inkompatibel mit dem Grundgesetz sei. „Da wird so getan, als wenn jemand, der an die Offenbarung glaubt, diese wie ein Kochbuch nehmen könnte, um sie auf die Gegenwart zu beziehen, und der Umgang mit dem Wort und die Notwendigkeit der Übersetzung wird einfach viel zu wenig gesehen. Das teilen rechtgeleitete Muslime mit rechtgeleiteten Juden und schriftorientierten Christen." Gerade die jungen Muslime spielen hier eine entscheidende Rolle und leisten diesen intellektuellen Brückenschlag bereits in ihrem Alltag. Sie stehen zwar oft in einer kritischen Distanz zu Organisationen wie etwa Milli Görüs. Aber genauso sehen sie die Stigmatisierungen dieser Organisation durch den Verfassungsschutz sehr kritisch. Kübra Gümüsay ist hierfür ein wichtiges Beispiel.

Deutschland erlebt momentan einen der größten Geheimdienstskandale seiner Geschichte. Lange Jahre konnte der Nationalsozialistischer Untergrund (NSU) unbehelligt von den Sicherheitsinstitutionen und teilweise sogar mit Unterstützung durch V-Leute des Verfassungsschutzes seine Taten planen und vollstrecken. Die politischen Verantwortlichen sind zwar um Schadensbegrenzung bemüht. Es ist aber fraglich, ob sie das Vertrauen der Bürger in die Institutionen wiederherstellen können. Einige Politiker faseln – wie immer wenn es um Terror geht – von der Vorratsdatenspeicherung und einem NPD-Verbot. Es ist die übliche Pawlowsche Reaktion, die man immer wieder zu hören bekommt, auch wenn es etwa um den islamistischen Terrorismus geht. Auch große Gedenkveranstaltungen, so nötig sie sein mögen, werden die Opferfamilien und die Gesellschaft nicht wirklich zufriedenstellen.

Die Richtung, die die derzeitige Debatte um den Verfassungsschutz nimmt, führt aber an der eigentlichen Problematik vorbei. Schon werden der Öffentlichkeit Bauernopfer in Form einiger zwielichtiger Beamten beim Verfassungsschutz geliefert, deren Fehlverhalten und bedenkliche Gesinnung zu diesem Super-Gau geführt hätte. Das Grundproblem liegt aber woanders.

Denn V-Männer des Verfassungsschutzes spielen nicht nur in der Neonazi-Szene eine dubiose Rolle. Wenn wir uns die spektakulären Fälle islamistischer Zellen in den letzten Jahren vergegenwärtigen, spielten V-Männer immer eine besondere Rolle. Der Mentor der Sauerland-Gruppe etwa war ein gewisser Yehia Yousif, der mittlerweile in Saudi-Arabien lebt und eine Schlüsselrolle bei der Radikalisierung der Mitglieder dieser Gruppe spielte. Yehia Yousif stand zwischen 1995 bis 2002 im Dienste des baden-württembergischen Verfassungsschutzes. Interessant ist, dass bei einer Hausdurchsuchung in der Wohnung von Yehia Yousifs Sohn, Omar Yousif, Unterlagen für die Herstellung des Flüssigsprengstoffs TATP gefunden wurden, mit dem später die Sauerland-Gruppe auf dilettantische Weise experimentiert hatte. Seltsamerweise wurde sowohl gegen Yehia Yousif als auch seinen Sohn kein Auslieferungsantrag gestellt, nachdem sie sich 2004 nach Saudi-Arabien abgesetzt hatten. Wieso wird in den Mainstream-Medien bisher die Rolle des Hasspredigers Yousif, der gleichzeitig auch Informant des Verfassungsschutzes war, nicht hinterfragt? Yousif hatte entscheidend zum Erstarken salafitischer Gruppen beigetragen. Gleichzeitig war er aber auch Lohnempfänger des Verfassungsschutzes.

Erst im April 2011 sorgte in einem weiteren Islamisten-Prozess in München ein V-Mann für Aufsehen. Acht mutmaßliche Terrorhelfer wurden beschuldigt, mit Videos von Selbstmordattentaten in Deutschland für den Terror geworben zu haben. Den Angeklagten wurde vorgeworfen, Teil der „Globalen Islamischen Medienfront" (GIMF) zu sein. Während des Gerichtsverfahrens kam aber heraus, dass der Anführer der Gruppe ein V-Mann des Verfassungsschutzes war. Die Bundesanwaltschaft hatte dies dem Gericht nicht mitgeteilt, obwohl sie davon unterrichtet war. Der V-Mann Irfan P. habe aktiv die anderen Angeklagten „angeschoben", so die Verteidigung. Die Mitläufer mussten sich vor Gericht verantworten; Irfan P. als Anführer dagegen wurde erst gar nicht angeklagt. Der 22 Jahre alte GIMF-Führer und mutmaßliche V-Mann soll monatlich 2500 bis 3000 Euro bekommen haben, seine Wohnung sei vom Verfassungsschutz bezahlt worden. Laut Bundesanwalt sei P. erst nach seiner Zeit bei der Islamischen Medienfront als V-Mann aktiv gewesen, daher treffe der Vorwurf nicht zu. In welchem konkreten Zeitraum P. als V-Mann eingesetzt war, konnte der Ankläger jedoch nicht sagen. Das Gericht entschied daraufhin, dass diese Frage „momentan nicht verfahrensrelevant" sei. So verschonte man Irfan P. davor, im Zeugenstand Rede und Antwort zu stehen.

Das sind nur zwei Beispiele aus den letzten Jahren, die belegen, wie V-Männer eben nicht lediglich Informationen für den Verfassungsschutz sammelten, sondern tragende Rollen einnahmen und aktiv ihren Beitrag zur Radikalisierung von Muslimen leisteten.

Durch Vorratsdatenspeicherung und eine weitere Aushöhlung des Rechtsstaates wird man das Vertrauen des Bürgers in den Rechtsstaat nicht wiedergewinnen. Dafür ist vor allem eins nötig: eine lückenlose Aufarbeitung der dubiosen Machenschaften des Verfassungsschutzes.

Liberal vs. konservativ? – Der neue politische Islam

In der aktuellen Debatte um einen gemäßigten Islam bieten sich verschiedene muslimische Akteure unter dem Etikett „liberal" und „säkular" der Politik und den Medien als Gesprächspartner an. Sie erklären sich selbst zu Sprechern einer angeblich „schweigenden Mehrheit" von Muslimen. Diese schweigende Mehrheit entpuppt sich bei genauerem Hinsehen aber als schwaches Konstrukt. In erster Linie geht es den selbsternannten Sprechern wohl darum, sich selbst als Repräsentanten eines vorgeblich zeitgemäßen Islam im umkämpften Markt der Berufsmuslime zu etablieren. Während man sich mit lautem Getöse von den großen Verbänden rhetorisch abgrenzt und diese als Vertreter von „Radikalen" oder „Islamisten" stigmatisiert, bleiben die Ideen der mal Liberalen und mal Säkularen blass. Außer einem Bekenntnis zum deutschen Grundgesetz und der Abgrenzung zu Nicht-Liberalen finden sich kaum zukunftsfähige Ideen, die Themen aus der Lebenswirklichkeit insbesondere junger Muslime aufgreifen. Die Sprecher der Liberalen geben vor, die schweigende Mehrheit der Muslime vor islamfeindlichen Angriffen rhetorisch zu schützen, verfallen aber bei Kritik durch Muslime, die kein Label mit sich herumtragen, sehr schnell in unsachliche Kritik und emotionale Attacken. Die zur Schau gestellte Toleranz ist oft leider nur ein Lippenbekenntnis. Die sachliche Kritik wird nicht selten als ein Anzeichen einer radikalen Gesinnung gesehen, persönliche Diffamierungen sind die Folge und jede Kritik an ihrer Methodik wird in Misskredit gebracht.

Nach dem Motto: Wer die inhaltslosen Phrasen der Liberalen hinterfragt, ist gleich ein Radikaler.

Die Vertreter eines „liberalen" Islam stellen eine neue Spielart des politischen Islam dar. Sie übernehmen in der öffentlichen Debatte eine bestimmte Rolle, und werden von Medien, Stiftungen und staatlichen Institutionen hofiert und gezielt eingesetzt. Die meisten jungen deutschen Muslime verorten sich jenseits der Labels „liberal" oder „konservativ" und fühlen sich weder durch die großen islamischen Verbände noch durch diesen neuen politischen Islam vertreten. Sie verfolgen die Rhetorik, die insbesondere die „liberale" Fraktion in der Öffentlichkeit verwendet, mit großer Skepsis. Gerade in den letzten Jahren, in denen immer intensiver und hysterischer über den Islam debattiert wird, wird der Begriff „liberaler Islam" inflationär gebraucht. In der Vergangenheit haben einige religiösbeschleunigte Ideologen versucht, den Islam zu politisieren. Die „Liberalen" ahmen das nach, obgleich sie sich an eine areligiöse Öffentlichkeit richten. Diese neue Politisierung ist besser inszeniert, da sie der gegenwärtigen Politik und auch den Medien gelegen kommt. Der neue Diskurs wird medial aufgebauscht, doch die kritische Haltung der muslimischen Community gegenüber ihrer politischen Instrumentalisierung – egal ob aus „liberalem" oder „konservativem"

Lager – führt dazu, dass diese neuen Labels nicht fruchten.

Lamya Kaddor etwa hat in der Diskussion um den Islamischen Religionsunterricht in Nordrhein-Westfalen immer wieder durch die Verwendung dieser Labels versucht, die Debatte zu dominieren. Für sich beansprucht sie liberal und freiheitlich zu sein, und im selben Atemzug lässt sie keine Gelegenheit aus zu betonen, dass die großen Verbände „konservativ" und stur sein. Junge Muslime, die sowohl die Verbände kritisch sehen, aber auch den inflationären Gebrauch politischer Labels von sich weisen und den Sinn dieser Rhetorik hinterfragen, wurden von Kaddor in einem Beitrag der Süddeutschen Zeitung kurzum „junge Konservative" getauft.

In der deutschen Islamdebatte versuchen beide Formen des politischen Islam, in seiner „liberalen" und seiner „konservativen" Ausrichtung, einen Alleinvertretungsanspruch geltend zu machen. Während „konservative" Verbände wie Milli Görüs stolz auf ihre zahlreichen Moscheen und Mitgliederzahlen verweisen, betonen die Vertreter eines „liberalen" Islam wie etwa der Liberal-Islamischer Bund (LIB), dass sie die „schweigende Mehrheit" der Muslime vertreten würden. Wie viele Mitglieder der LIB tatsächlich hat, ist nicht bekannt.

Jürgen Wertheimer, Professor für Literatur in Tübingen, hat kürzlich zutreffend analysiert, dass Politik immer noch in Werte-Kategorien, die in der Gesellschaft quasi keine Rolle mehr spielen, denke. „Menschen denken heute nicht mehr in solchen Werte-Kategorien wie konservativ oder liberal, sondern wollen über konkrete Sachverhalte reden und entscheiden". Für die Politiker sei der Rückgriff auf traditionelle Wertesysteme vor allem von strategischer Bedeutung: „Für Politiker sind Wertekategorien so ungeheuer faszinierend, weil sie eine klare Aussage zu beinhalten scheinen." Wenn man also sagt: „Ich bin für Freiheit!", „Ich bin für soziale Gerechtigkeit!" oder „Ich bin für einen liberalen Islam!", dann wird niemand mehr widersprechen. Aber zugleich weiß jeder, dass damit letztlich nichts ausgesagt wird. Wenn sich Parteien heute auf den Konservatismus, den Liberalismus oder den Sozialismus berufen, sei das nichts anderes als eine „Castingshow der Werte", sagt Wertheimer.

Bis jetzt gibt es keine zufriedenstellende Definition des „liberalen" Islam. Viele Muslime in den großen Verbänden stehen sehr vielen Themen tolerant gegenüber, gleichzeitig sind sie in anderen Fragen eher traditionell. Besonders Frauen mit Kopftuch werden aufgrund ihrer äußerlichen Erscheinung automatisch als konservativ eingestuft. Wenn sie sich dann aber in konkreten Fragen positionieren, sind viele irritiert, weil die Position nicht in die vorgefertigten Schablonen passt. Genau da liegt der Punkt: Menschen kann man nicht in Schubladen einordnen, erst recht nicht aufgrund von Äußerlichkeiten. In der aktuellen Debatte wird dies aber durch diese Zuschreibungen wie „liberal" bzw. „konservativ" schnell getan. Wo bleibt die ernsthafte Auseinandersetzung mit dem Islam und seinen schriftlichen Quellen? In den Stellungnahmen der Liberalen und Säkularen zu theologischen Fragen werden bisher die schnellen Ergebnisse und leichten Antworten favorisiert. Hier – so bemängeln viele junge Muslime – fehlt das religiöse Selbstbewusstsein und gibt es einen leichtfertigen Umgang mit Religion. Gläubigen Christen ist das alles vertraut. Von Carl Schmitt weiß man, dass man alle Lebensbereiche politisieren, ideologisch-politisch durchdringen kann. Religiöse und nichtpolitische Christen – ein Unterschied, den der Kirchenrechtler Hans Barion, ein Freund von Schmitt, machte – kämpfen um einen Freiraum in der Gesellschaft und auch in ihrer Kirche, in dem sie unbelästigt von politischer Manipulation und gesellschaftlicher Indoktrination ihren Glauben mit Glaubensgenossen leben können. Die Kirche zerfällt heute in viele Glaubensgemeinschaften, die sie offenbar nicht mehr zusammenhalten kann. Wer aus der

Kirche austritt, ist mitnichten unbedingt ein Ungläubiger. Er sucht nur eine andere Gemeinschaft Gleichgesinnter, um, der Kirche entfremdet, in der pluralistischen Ordnung nach seiner Façon selig werden zu können, ungestört von glaubensfremden Ansprüchen und Belästigungen.

Das macht diese Gläubigen den vom Staat anerkannten und von ihm privilegierten Kirchen verdächtig, und der Staat seinerseits hält trotz Religionsfreiheit nichts von vagabundierenden Christen, die sich der kirchlichen und damit indirekt der staatlichen Kontrolle entziehen. Ein Gläubiger, der sich nicht politisch positioniert, erregt deshalb Ärgernis. Denn Politik darf paradoxerweise nicht Privatsache sein, obschon sie es wegen des Wahlgeheimnisses ist und sein muss. Privatsache soll hingegen die Religion sein, eine eminent öffentliche Angelegenheit. Nur in der Öffentlichkeit kann ich Glaubensfreiheit leben und deren Garantie einfordern.

Manche muslimischen Gemeinschaften machen die gleichen Fehler wie schon längst viele Christen. Ein „liberaler" oder „konservativer" Islam ist eine ähnlich inhaltslose Ärgerlichkeit wie ein „liberales" oder „konservatives" Christentum. Sowohl im Islam wie im Christentum geht es um die Wahrheit, die den Einzelnen aufruft und verpflichtet. Sie steht jenseits und über den wechselnden politischen Konstellationen. Die pluralistische Gesellschaft traut jedoch keinem, der aus einer solchen Wahrheit lebt, und damit zu ihr eine gewisse Distanz behält. Jeder soll mitmachen bei dem, was alle tun. Und keiner soll seine ihn verpflichtende Wahrheit für tatsächlich verpflichtend halten, die ihn berechtigt, frei auf seine Weise zu leben.

Es gibt die wiederkehrende Klage deutscher Politiker, dass der Dialog mit den Muslimen so schwerfalle, weil keine Einrichtung wie die Kirche mit Autorität für alle sprechen könne. Der Staat verlangt, aus Angst vor der Freiheit, die seine Verfassung verspricht, nach Funktionären, die mit ihresgleichen, eben mit Funktionären, verhandeln und Verträge schließen. Die meisten Muslime wollen ganz einfach ihre Religion leben, die kein politisches oder kulturelles Bekenntnis bedeutet. Auch Christ zu sein, bedeutet keineswegs, sich zu einer Leitkultur zu bekennen oder zur NATO oder was auch immer.

Im Grunde geht es in beiden Fällen um Freiheit. Keiner hat das Recht, jemandem vorzugeben, wie er seine Freiheitsrechte lebt, übrigens auch nicht die Funktionärskirche, die teilweise dem Leben so entrückt ist wie der staatliche Verwaltungsapparat. Man muss Muslim oder Christ sein können, ohne weitere politische Etikette, die einem den Glauben verzerren oder ihm entschieden widersprechen. Wer die Freiheit liebt, müsste gerade in den gläubigen Muslimen einen Verbündeten schätzen, unpolitisch seinen Glauben zu bekennen. Im Grunde könnte im Bündnis mit dem Islam das Christentum zu neuem Selbstbewusstsein finden. Wahrscheinlich wäre es viel vernünftiger, Muslime und Christen redeten untereinander, ohne staatliche Beiräte, die allemal Kontrolle und Überwachung beinhalten.

Auch die Erfahrungen der Muslime mit dem politischen Islam decken sich mit den Erfahrungen, die man in Europa mit dem politischen Katholizismus machte oder einem Kulturprotestantismus, der sich tief in innerweltliche Belange verstrickte. Stärker als die Religion war allemal der Staat, der sich politisierter Christen bediente. Die Krise des Christentums hängt damit eng zusammen. Die Christen haben das Wort Gottes zu verkündigen, indem sie aus ihm leben. Die christlichen Funktionäre verkünden aber die welterlösende Demokratie und die allein selig machenden Menschenrechte. Das tun alle möglichen Ideologien und Ideologen auch, warum also noch in die Kirche gehen?

Unaufgeklärte, Fromme, Gläubige aller Art, die ihren letzten Zweck nicht in der Vermehrung des Bruttosozialproduktes oder als Kommunikationspartner im öffentlich eingegrenzten Dialog sehen, sind eine Bedrohung. Das trifft Christen, Muslime oder nicht vom Markt und seinen Wundern und Weihen Ergriffenen, die als Fremde ausgegliedert werden, sofern sie sich nicht den Phrasen anpassen und den ideologischen Kostümen, was dann Integration genannt wird. Auch ein ernsthafter Christ ist in diesem Sinne nicht assimiliert und integriert.

Der neue Totalitarismus droht daher nicht von den Religionen, sondern er kommt mitten aus der total ökonomisierten Welt, die alles bedroht, was sich ihrer Funktionstüchtigkeit entzieht. Alle Freiheit ist heute religiöse Freiheit. Im Grunde bräuchte der Staat Andersgläubige nicht ‚Staatsgläubige', wenn er wirklich die Freiheit schützen wollte, an der die Gesellschaft immer weniger interessiert ist.

Alternative Islamkonferenz

Religionen reden von der Wahrheit, die nicht der Zeit und der Aktualität unterworfen ist, die vielmehr den in den wechselnden Zeiten Lebenden Halt und Orientierung geben kann. Zeiten, in denen nur noch mit stets überholbaren Wissensbeständen auf einem Markt der Möglichkeiten gerechnet wird, empfinden den Wahrheitsanspruch als Herausforderung. In einer auch geistig vollendeten Marktwirtschaft, die neuwertige Angebote verlangt, täglich frisch auf den Tisch, ist die dauernde Wahrheit ein Skandal. Eine Religion, die sich dazu entschließt, Meinungen und Möglichkeiten in bunter Vielfalt anzubieten, um Kunden zufriedenzustellen, verfehlt ihre Aufgabe. Bei aller Vielfalt in zweitrangigen Dingen – eine Einheit muss die Vielfalt schon zusammenhalten, ein Band, das viele Blüten umschlingt und sie damit zu einem Strauß macht und die vielen Blüten geeint beieinander hält.

Sowohl der sogenannte „liberale" als auch der „konservative" Islam, die sich in der aktuellen Islamdebatte kristallisieren, sind Ausformungen eines politischen Islam. Der stark kritisierte „konservative" politische Islam ist vor allem infolge der Krise des arabischen Nationalismus entstanden. Der französische Politikwissenschaftler Gilles Kepel etwa sieht zu Recht in der Reduktion des Islam auf eine politische Bewegung ein neues Phänomen, eine Mischform westlich-politischen Denkens und des Islam. Die beiden Ausformungen des politischen Islam spiegeln in keiner Weise die Lebenswirklichkeit der meisten Muslime wider. Den Muslimen ist ein durchorganisierter Islam mit Mitgliederverzeichnissen und Vereinsstrukturen historisch eher fremd. Vielmehr haben zivilgesellschaftliche Initiativen wie etwa die Stiftungen (Awqaf) eine wichtige Rolle gespielt. In den Stiftungen geht es nicht wie bei den Verbänden mit ihrem Vertretungsanspruch um Einfluss und Macht, sondern um eine zivilgesellschaftliche Beteiligung. Lokale Einrichtungen wie etwa die Moscheen, Märkte und Stiftungen haben das gesellschaftliche Leben ausgemacht und waren spiritueller, sozialer und ökonomischer Natur. Der politische Islam – egal welcher Couleur – löst eben diese gemeinschaftliche Lebenspraxis auf. Gerade heute spielt etwa die Etablierung von Stiftungen als eine Ausprägung authentisch islamischer Gemeinschaftsstrukturen eine wichtige Rolle, um einen Mittelweg zwischen Individualismus und Verbandskultur zu finden.

Hier kann die von mir initiierte „Alternative Islamkonferenz", die der ehemaligen Teilnehmer der Islamkonferenz Feridun Zaimoglu unterstützt, einen fruchtbaren Impuls geben. Es ist höchste Zeit, dass die deutschen Muslime eine neue Debattenkultur etablieren, um die relevanten Fragen unserer Zeit – auch kontrovers – zu diskutieren. Statt nur in der Öffentlichkeit übereinander zu sprechen und dabei durch die Verwendung von Labels wie „liberal" oder „konservativ" die Gräben zu vertiefen, muss mehr miteinander debattiert werden. Für 2012 planen eine Gruppe junger Muslime und ich die Alternative Islamkonferenz zu verwirklichen. Jenseits der medialen Öffentlichkeit sollen dabei Vertreter der großen Verbände, Einzelpersonen und auch neuere Organisationen wie etwa der Liberal-Islamische Bund offen und kontrovers darüber debattieren, wie eine muslimische Zivilgesellschaft in Deutschland aussehen kann, die nicht nur den Muslimen, sondern der gesamten Gesellschaft Dienstleistungen anbietet.

Bisher hat sowohl der von Politik und Medien geförderte „liberale" politische Islam als auch der sich ethnisch abgrenzende „konservative" politische Islam die freie islamische Zivilgesellschaft verhindert und durch Kontrolle ersetzt. Der natürliche Feind der Stiftung ist der Verbandsfunktionär. Ein muslimischer Denker sagte einmal, dass der Islam korrupte Politiker überlebe, nicht aber korrupte Ulama (Theologen). Diese Politisierung der islamischen Lehre mündet in dem Denken, dass jemand, der nur einmal in der Woche das islamische rituelle Gebet verrichtet – überspitzt formuliert – als „liberal" und „aufgeklärt" gilt, wohingegen jemand, der das Gebet gemäß der Orthodoxie praktiziert als „konservativ" oder „nicht aufgeklärt" markiert wird. Der entscheidende Punkt ist aber, dass man weder „liberal" noch „konservativ" beten kann, weswegen sich auch die Muslime gegen die Politisierung ihrer über Jahrhunderte unumstrittenen Riten der islamischen Lebenspraxis wehren. Der öffentliche Druck, der einen „guten Islam", also einen relativierenden Islam schaffen will, findet an der Basis keine Resonanz.

Der Islamwissenschaftler Rainer Brunner, der am Centre national de la recherche scientifique (CNRS) in Paris forscht, beobachtet in diesem Zusammenhang mit einer gewissen Ambivalenz die Etablierung der Lehrstühle für Islamische Theologie an deutschen Universitäten: „Die ganze Angelegenheit einer Gründung der islamischen Theologie scheint mir politisch gewollt zu sein. Das hat natürlich dann wiederum in Verbindung mit verschiedenen anders gelagerten politischen Debatten der letzten zehn Jahre – etwa die Sicherheitspolitik – eine, wie ich finde, geradezu groteske Überforderung und auch Erwartungshaltung der Politik zur Folge", so Brunner. Man wolle hier einen aufgeklärten Islam europäischen Zuschnitts etablieren, ohne dass es dafür im Augenblick sichtbar irgendwelche strukturellen und personellen Voraussetzungen gebe, betont Brunner. An deutschen Universitäten sollen zukünftig nicht nur Imame ausgebildet werden, sondern es sollen ihnen gleichzeitig auch Kompetenzen in Sozial- und Integrationsarbeit vermittelt werden. Dadurch betreibe man – und das ist Brunners Hauptkritikpunkt – eine weitgehende „entsäkularisierte Islamisierung der Integrationsdebatte".

Erst kürzlich sprach der Münsteraner Jurist Christian Walter im Zusammenhang mit der Einrichtung islamisch-theologischer Zentren von einem „legitimen Zähmungsinteresse" des Staates. Auch wenn die Bundesbildungsministerin Annette Schavan darauf hinweist, dass ein aufgeklärter Islam die Muslime vor Aberglaube oder Irrglaube schützen solle, ist es nicht Aufgabe des Staates, zu beurteilen, was nun Aberglaube oder Irrglaube ist. Von einem wie auch immer gearteten Zähmungsinteresse des Staates hält Brunner wenig: „Was nun diese Erwartung anbelangt, ein ‚Zähmungsinteresse' zu haben, halte ich es da eher mit dem französischen Islamwissenschaftler Olivier Roy, der die These vertritt, die Entkoppelung der Religion – er spricht dabei nicht nur von einer Religion, sondern von Religion allgemein – von der umgebenden Kultur sei ein Hauptmotiv oder ein Hauptgrund für die Radikalisierung von Religionen." Wenn man dieser These folge, so Brunner, dann mute ihm der Versuch, über eine staatlich protegierte Theologie eine Religion zähmen zu wollen, eher dem Versuch, den Senf wieder in die Tube zurückzudrücken.

Popislam und Facebook-Muslime?

„Ich will reich werden, damit die Leute auf mich zeigen und sagen: ‚Sieh mal, ein frommer Mann, der reich geworden ist.' Dann werden sie Gott lieben, weil ich reich bin. Ich will viel Geld haben und die besten Kleider tragen, nur um den Menschen Appetit auf die Religion zu machen"
Amr Khaled, ägyptischer Starprediger.

In den letzten Jahren entwickelte sich auch in Deutschland eine Art „muslimische Jugendkultur", die unter dem nicht klar definierten Begriff „Popislam" zusammengefasst wurde. Es gibt zahlreiche Projekte in den Bereichen Musik oder Design, die teilweise identitätsstiftend auf junge Muslime wirken.

Eines ihrer Vorbilder ist der ägyptische Starprediger Amr Khaled, der in den letzten Jahren großen Einfluss auch auf Jugendliche in Europa hatte. Er ist kein klassischer Gelehrter. Thomas Pany, Redakteur des Nachrichtenportals *telepolis*, bezeichnet diese neue Art

Prediger vor einigen Jahren als „arabische Yuppies", deren hedonistisch orientierter Islam westliche Einflüsse geschickt integriert und den wirtschaftlichen Erfolg sucht.

Pany zitierte den Schweizer Islamforscher Patrick Haenni, der sich intensiv mit diesem Wandel beschäftigt hat: „Diese ägyptischen Yuppies wollen keine umwälzenden Veränderungen. Sie leben in der Gegenwart und propagieren die Werte einer weltlichen und eher ernüchternden Zukunft: Individualismus, Hedonismus, Konsum und persönliches Wohlergehen", fasst Haenni in einem Artikel der deutschen Ausgabe von Le Monde diplomatique zusammen. Diese neue Art von Frömmigkeit sei durchaus vergleichbar mit dem westlichen New-Age-Spiritualismus, der sich je nach Bedarf bei den Weltreligionen bediene. Im Visier dieser neuen Bewegung stehe laut Haenni das Ziel, „der Umma den Geist des Kapitalismus einzuhauchen, um sie im Konzert der Nationen wettbewerbsfähig zu machen".

Als Beispiel zieht der in Kairo lebende Haenni die junge Magda Amer aus der Kairoer Oberschicht heran: „Sie begeistert sich für Chakren, Yoga, Makrobiotik und Fußreflexzonenmassage: Zu ihren Kursen über Islam und alternative Medizin in der Moschee Abu Bakr al-Siddiq in Heliopolis, dem Wohnquartier der Reichen, finden sich die Damen der besseren Gesellschaft scharenweise ein." Für Haenni ist der Prediger Khaled jemand, der eine quasi protestantische Ethik und die „Sorge um sich selbst" verkünde. Damit habe er es weit gebracht. Innerhalb kürzester Zeit sei er zum bekanntesten Prediger in der arabischen Welt aufgestiegen und finde auch in Europa sein Publikum. „Khaled predigt die Werte des Marktes als Botschaft eines unpolitischen Islam und hat sich als Unternehmer in der Religionsbranche selbst zum erfolgreichen Medienprodukt gemacht."

Der Kapitalismus ist – wenn man es drastisch formuliert – religionsfeindlich und berücksichtigt Religion nur als religiöse Ware auf dem Markt der Möglichkeiten, sofern Nachfrage nach Esoterik oder Innerlichkeit besteht. Der angeblich wertneutrale Kapitalismus ist gerade nicht wertneutral. Was ihm widerspricht, muss zu Gunsten einer Gleichschaltung der Erwartungen und Bedürfnisbefriedigung entleert und entwertet werden. Der Popislam kann dergestalt als Mechanismus verstanden werden, der den Islam um seinen Inhalt bringt. ‚Christuspop' hat sich als Forderung längst erledigt, weil das Christentum – siehe Weihnachten oder Ostern – längst marktkonform im Sonderangebot zu haben ist als unverbindlicher Schmuck, apartes

Genussmittel oder nur als Hintergrundgeräusch für „gute" Stimmungen.

Sulaiman Wilms, Chefredakteur der Islamischen Zeitung, ist skeptisch: „Es entwickelt sich zwar – analog zur seit Jahrzehnten bestehenden nichtmuslimischen ‚Jugendkultur' – etwas, das als ‚muslimische Popkultur' nur unscharf beschrieben wird. Niemand weiß aber so richtig, um was es sich hier handelt oder was deren Inhalte sind." „Während die globale ‚Jugendkultur' unserer Tage den Versuch, anders zu sein, durch Internet, H&M und Big Brother dekonstruierte", so Wilms, „scheinen junge Muslime nun den gleichen Versuch zu unternehmen. Ob mit Erfolg, wird die Zukunft erweisen. Ich bin als Muslim und als Vater nicht blind und erfahre alltäglich, dass die meisten Moscheen mit einer Migrationsvergangenheit nur selten Antworten für die Jungen anzubieten haben. Vor allem, wenn diese mit einer totalen Popkultur allein gelassen werden, die weder sie noch ihre Eltern verstehen."

Viele muslimische Jugendliche beschäftigen sich weder mit der europäischen Kultur noch mit dem Erbe ihrer Eltern. Bei vielen Jugendlichen fehlt das Verständnis der traditionellen muslimischen und europäischen Kulturen. Wilms spricht in diesem Zusammenhang von einer „globalen Konsumidiotie". Unklar sei, ob es sich hier um eine eigenständige Sache handele, oder aber um die Erschließung bisher brach liegender Märkte: „Sind es die Jugendlichen, die sich selbst eine Kultur stiften und auf bestehende, unbefriedigende Elemente zurückgreifen müssen, oder versucht die Popindustrie nur, neue Käufer zu finden?"

Die Moscheen sind in der Pflicht. Ein Umdenken ist nötig, um junge Muslime mit einer richtig verstandenen Tradition zu versöhnen. Die Kritiker etwa eines Popislam müssen sich die Frage stellen, wie sie den Islam einer Jugend vermitteln wollen, die in der Moderne mit all ihren medialen Möglichkeiten aufwächst.

Der Islam im traditionellen Verständnis vermittelt eine existenziell-räumliche Zugehörigkeit, wie etwa die Moschee vor Ort, also das existenzielle Erfahren von „Angesicht zu Angesicht". Die Einbettung in eine Gemeinschaft bringt aber natürlich Mühen und Widrigkeiten mit sich. Verpflichtung, Loyalität und Miteinandersein wird daher nicht selten ersetzt durch die Unverbindlichkeit des Internets. Weisheit ja – aber schnell! Religion ja – aber am Feierabend.

Shaykh Google bietet jede Art von Exzentrikern, Extremisten oder Reformern – das ganze Repertoire. Der Vorzug des Internets mit seinen (a)sozialen Netzwerken und allen anderen elektronischen Variationen beruht darauf, dass nirgendwo der ganze Mensch gefragt wird und sich zu erkennen geben muss. Alles ist nur noch ein Spiel, die Wirtschaft, die Politik, der Kulturbetrieb. Spiele, die nichts bringen oder sich erschöpft haben, werden durch neue ersetzt. Diese Erwartung prägt auch den Einzelnen.

Die *communio* dagegen, die Gemeinschaft der Gläubigen, die durch das lebendige Wort zusammengeführt werden, entfaltet sich im gemeinsamen Zusammensein zum Lobe des Schöpfers. Eine solche *communio*, die den ganzen Menschen herausfordert, hat nichts mit den *communities* zu tun, die sich um ein partielles Interesse bilden. Die wirkliche, die lebendige communio – in der Moschee etwa – wird von den diversen communities unter Druck gesetzt, die ein sehr partielles Heil versprechen und jedem garantiert nicht böse sind, sobald er auf dem Markt der Möglichkeiten sich anders orientiert.

In vielerlei Hinsicht ist das Heimweh nach Gemeinschaft das Primäre, das im Weiteren zur gründlicheren Beschäftigung mit dem Glauben führt, oft überhaupt erst angeregt von den ebenfalls nach Glauben Suchenden. Nicht das Internet mit seinen Angeboten ist das Problem. Viele Leute surfen ja im Internet, weil sie allein sind, und ihre Privatheit und Verlassenheit als unbehaglich empfinden. Die Lebensbedingungen im Kapitalismus, die den vereinzelten, begehrlichen Kunden voraussetzen, der nie vollständig befriedigt werden darf, um weiter gespannt zu sein auf neue Reize, setzen auch die Religionen und die Gläubigen oder die Glauben Suchenden unweigerlich unter Druck und verändern das religiöse Leben und die dazu gehörenden Gemeinschaften.

Die Flucht in die Werte

Um die seit einigen Jahren geführte Wertedebatte in Deutschland und Europa besser zu verstehen, ist das Buch „Zur Tyrannei der Werte" von Eberhard Straub eine Pflichtlektüre. Eberhard Straub misstraut der Werte-Inflation. Hinter jedem sogenannten Wert stehe ein Interessent mit seinen eigenwilligen Absichten und Zwecken, der, getreu seinem ökonomischen Urbild, danach strebe, seinem Moralprodukt eine beherrschende Stellung auf dem Markt der Meinungen zu verschaffen.

Straubs Buch erschien gerade zur richtigen Zeit, als die ganze Debatte über Europa als Wertegemeinschaft mit „jüdisch-christlicher Tradition" in vollem Gange war. Straub stört sich gewaltig an diesen Parolen. „Das christliche Abendland, die griechische Philosophie und die Aufklärung sind im Grunde genommen Redensarten – kein Mensch weiß heute noch, was überhaupt das Christentum ist in einem sich entchristlichenden Europa", so Straub.

Die Werte dienten als ein Ersatz für das, was man früher Metaphysik oder Religion nannte. Im 19. Jahrhundert habe sich all das als historisch erwiesen, was wir bis dahin als ewige Grundüberzeugungen, als Tugenden, als Idee wie bei Platon uns vorgestellt hatten. Da sollten nun plötzlich die Werte ein Ersatz sein für alles das, was uns verloren gegangen sei, damit die Leute im Pluralismus einen Halt finden. Werte können einer Umwertung, Aufwertung oder Abwertung unterliegen, ganz nach kapitalistischem Muster.

„Der Höchstwert ist im Augenblick die Sicherheit. Und der Sicherheit zuliebe wird alles untergeordnet und geopfert. Es werden jetzt auf einmal rechtsstaatliche Freiheiten, die wir seit dem 19. Jahrhundert haben, durchbrochen. Das sind alles gefährliche Tendenzen, die eigentlich den liberalen Rechtsstaat, den wir aus dem 19. Jahrhundert geerbt haben, aushöhlen und gefährden. Da sieht man, wie sich die Tyrannei dieses Wertes schädlich bemerkbar macht, wenn er auf einmal die Freiheit des Menschen bedroht. Das Recht kann nur durch Recht gesichert werden und nicht durch geisteswissenschaftlichen Schmuck, wie es die angeblichen Wertesysteme sind. Übrigens ist das Bundesverfassungsgericht längst davon abgekommen, das völlig neutrale Grundgesetz als eine Werteordnung zu verstehen. Recht wird eben durch Recht und nicht durch geisteswissenschaftliche Rhetorik verteidigt", konstatiert Straub.

Auch die viel beschworene Freiheit ist heute nicht mehr sicher vor diesem Verwertungsverfahren, denn wenn auch die Freiheit zu einem Wert verkommt, dann kann die Freiheit nach diesem Muster aufgewertet, abgewertet und umgewertet werden. Durch dieses Verwertungsverfahren gerät sogar die Freiheit, die unmittelbar zur Menschenwürde gehört – die ja angeblich unantastbar ist – ins Schwanken und in die Diskussion. Die Werte sind dem ganzen modernen Subjektivismus ausgeliefert.

Werte sind deswegen für Straub ihrer politischen Funktion nach Kampfparolen. Öffentliche Wertedebatten vollziehen sich daher regelmäßig nicht in der zivilisierten Form eines ewigen Gesprächs des liberalen Bürgers mit seinesgleichen, sondern nach Maßgabe eines Freund-Feind-Schemas. Soziale Fragen, wie die Einwanderung eine ist, werden zu einer religiösen oder gar einer kulturellen Frage hochstilisiert. Das Grundgesetz basiert eben nicht auf Werten, sondern auf Rechten, wie etwa die Religionsfreiheit. „Jeder darf seinem Glauben nachgehen. Das ist verfassungsmäßig garantiert. Und wenn man jetzt einzelnen Ausländergruppen vorwirft, sie würden sich nicht integrieren oder assimilieren, sind das Vorwürfe, die schon vor hundert Jahren gegen die Ostjuden erhoben wurden. Das gehört zum klassischen Programm des Antisemitismus. Gleichzeitig gehört es zur europäischen Tradition, dass es immer Parallelgesellschaften gegeben hat. Man braucht sich nur die Hugenotten in Berlin anzuschauen. Sie hatten ihr französisches Gymnasium, ihren französischen Friedhof und heirateten auch nur unter sich."

„Die Tugenden sind stärker als die wie Börsenkurse flottierenden Werte. Ich denke, über Tugenden kann man sich schnell in unserer Alten Welt untereinander verständigen, wenn man endlich bereit ist, Orient und Okzident als eine große, spannungsvolle Einheit seit Assur und Babylon zu sehen, seit dreitausend Jahren, statt vom Westen zu raunen und von der ganz jungen Atlantischen Gemeinschaft." Aber die Tugend wird von den westlichen Wertegemeinschaftlern verdächtigt, weil sie immer mit der Religion zusammenhängt! Und vor der haben die ratlosen Europäer eine gewisse Angst – deswegen ihre Flucht in die Werte und ihre

Wut auf die Muslime, die an ihrer Religion festhalten wollen, vermischt mit der Angst vor der Prognose, an die Papst Johannes Paul II. intensiv erinnerte: Das 21. Jahrhundert wird ein religiöses Jahrhundert werden. Die westliche Polemik gegen den Islam ist eine Polemik gegen Religion überhaupt.

Literatur

Tamim Ansary: Die unbekannte Mitte der Welt. Globalgeschichte aus islamischer Sicht. Frankfurt am Main 2010.

Patrick Bahners: Die Panikmacher. Die deutsche Angst vor dem Islam. München 2011.

Thomas Bauer: Die Kultur der Ambiguität. Eine andere Geschichte des Islams. Berlin 2011.

Thomas Darnstädt: Der globale Polizeistaat. Sicherheitswahn und das Ende unserer Freiheiten. München 2009.

Renan Demirkan: Septembertee oder Das geliehen Leben. Berlin 2008.

Renan Demirkan: Respekt. Heimweh nach Menschlichkeit. Freiburg 2011.

Johann Peter Eckermann: Gespräche mit Goethe in den letzten Jahren seines Lebens. Berlin 1981.

Cornelia Filter: Mein Gott ist jetzt Allah und ich befolge seine Gesetze gerne. Eine Reportage über Konvertiten in Deutschland. München 2008.

Johann Wolfgang von Goethe: West-östlicher Divan. Berlin 1974.

Martin Heidegger: Was heißt Denken? Tübingen 1997.

Martin Heidegger: Die Technik und die Kehre. Stuttgart 2011.

Martin Heidegger: Gelassenheit. Stuttgart 2008.

Oliver Janich: Das Kapitalismus-Komplott. Die geheimen Zirkel der Macht und ihre Methoden. München 2010.

Ahmad Milad Karimi: Der Koran. Freiburg 2009.

Gilles Kepel: Das Schwarzbuch des Dschihad. Aufstieg und Niedergang des Islamismus. München 2002.

Gilles Kepel: Die neuen Kreuzzüge. Die arabische Welt und die Zukunft des Westens. München 2004.

Navid Kermani: Wer ist Wir? Deutschland und seine Muslime. München 2010.

Navid Kermani: Dynamit des Geister: Martyrium, Islam und Nihilismus. Göttingen 2002.

Naomi Klein: Die Schock-Strategie. Der Aufstieg des Katastrophen-Kapitalismus. Frankfurt am Main 2007.

Michael Lüders: Allahs langer Schatten. Warum wir keine Angst vor dem Islam haben müssen. Freiburg 2007.

Michael Lüders: Wir hungern nach dem Tod. Woher kommt die Gewalt im Dschihad-Islam? Zürich 2001.

Katharina Mommsen: Goethe und der Islam. Berlin 2001.

Arundhati Roy: Aus der Werkstatt der Demokratie. Frankfurt am Main 2010.

Olivier Roy: Der islamische Weg nach Westen. Globalisierung, Entwurzelung und Radikalisierung. München 2006.

Olivier Roy: Heilige Einfalt. Über die politischen Gefahren entwurzelter Religionen. München 2010.

Thilo Sarrazin: Deutschland schafft sich ab. Wie wir unser Land aufs Spiel setzen. München 2010.

Werner Schiffauer: Nach dem Islamismus. Eine Ethnografie der islamischen Gemeinschaft Milli Görüs. Berlin 2010.

Annemarie Schimmel: Morgenland und Abendland. Mein west-östliches Leben. München 2002.

Annemarie Schimmel: Die Religion des Islam: Eine Einführung. Ditzingen 2010.

Annemarie Schimmel: Mystische Dimensionen des Islam: Die Geschichte des Sufismus. Berlin 1995.

Manfred Schneider: Das Attentat. Kritik der paranoischen Vernunft. Berlin 2010.

Peter Sloterdijk: Im Weltinnenraum des Kapitals. Berlin 2005.

Kay Sokolowsky: Feindbild Moslems. Berlin 2009.

Eberhard Straub: Zur Tyrannei der Werte. Stuttgart 2010.

Ilija Trojanow: Zu den heiligen Quellen des Islam. Als Pilger nach Mekka und Medina. München 2004.

Ilija Trojanow: Der Weltensammler. München 2006.

Ilija Trojanow, Ranjit Hoskote: Kampfabsage. Kulturen bekämpfen sich nicht, sie fließen zusammen. München 2007.

Ilija Trojanow: Nomade auf vier Kontinenten. Auf den Spuren von Sir Richard Francis Burton. Frankfurt am Main 2007.

Ilija Trojanow, Juli Zeh: Angriff auf die Freiheit. Sicherheitswahn, Überwachungsstaat und der Abbau bürgerlicher Rechte. München 2009.

Feridun Zaimoglu: Kanak Sprak. Koppstoff. Die gesammelten Mißtöne vom Rande der Gesellschaft. Köln 2011.

Feridun Zaimoglu: Schwarze Jungfrauen. Hamburg 2008.

Jean Ziegler: Das Imperium der Schande: Der Kampf gegen Armut und Unterdrückung. München 2005.

Jean Ziegler: Der Hass auf den Westen. Wie sich die armen Völker gegen den wirtschaftlichen Weltkrieg wehren. München 2009.